予言

ドナルド・トランプ大統領で日米関係はこうなる

植山周一郎

Prediction 01

世界各国にあるトランプ系列のホテル、高級マンション、ゴルフコースなどでテロの警戒が高まり、厳重な警備が常態化する。そのため利用客が激減し、トランプ帝国は経営困難に陥り、トランプは過剰反応するであろう。

Prediction

02

トランプ大統領の暗殺計画、あるいは私邸のあるトランプタワーの破壊計画が伝えられ、厳戒態勢が敷かれる。そのために彼の活動日程もしばしば変更、政策遂行に混乱が生じる。

Prediction

03

アメリカは金利を上げても2017年前半は経済成長は続き、ニューヨーク株式市場は2万ドルを突破するだろう。しかし、2017年後半は景気、株価ともに下降するだろう。

Prediction

04

2017年前半にドル円レートは、1ドル=120円辺りで定着し、日経平均は2万円を突破するだろう。アメリカの利上げに伴い、日本もマイナス金利を脱却して、プラス金利が復活するだろう。しかし、2017年後半には失速するだろう。

Prediction
05

TPPは崩壊し、日米2国間協議になり、米国産農産物の輸入増大が要求されるだろう。日本で製造される自動車などへの輸入関税が引き上げられるだろう。

Prediction
06

在日米軍基地の費用負担の大幅増額を要求してくるが、米軍撤退はないだろう。米軍が撤退したら、世界でのアメリカの発言権と経済圏が大幅に縮小するからだ。

Prediction
07

ジャレッド・クシュナーとイヴァンカ夫妻は、トランプ政権の重要な役職に無給で就き、大きな影響力を持つだろう。

Prediction 08

イヴァンカはファースト・ドーターとして活躍し、次の大統領を狙うだろう。

Prediction 09

中国製品への輸入関税を上げ、台湾と親密になることによって、習近平とは非常に険悪な関係になるだろう。東シナ海の緊張が一挙に高まり、危機的状態になる。和解のカギはキッシンジャーが握る。

Prediction 10

プーチンとは緊密な関係を築くだろう。ウクライナを中立国に指定し、米ロの経済関係は好転するだろう。

予言
ドナルド・トランプ大統領で日米関係はこうなる

Contents

序章
Prologue

I happen to be the first Japanese who interviewed Donald Trump for television.

私はドナルド・トランプ氏を長時間テレビインタビューした最初の日本人

第1章
chapter 1

第2章
chapter 2

第3章
chapter 3

予言―2017年、日米関係はどうなるか？ 105
Predictions

第4章
chapter 4

Expectations
期待｜大統領としての人間力を問う 143

ドナルド・トランプ氏と。1988年6月13日、ニューヨークのトランプタワー26階社長室にて。

序章

— Prologue

I happen to be the first Japanese who interviewed Donald Trump for television.

私はドナルド・トランプ氏を長時間テレビインタビューした最初の日本人

{序章}

検証

01

prologue Verification 01

Contact

私はどのようにして彼と会ったのか

ドナルド・トランプ氏に私が会ったのは、1988年6月13日だった。

その当時から私は国際経営コンサルタントをしており、世界最大の広告代理店でニューヨークに本社を置くBBDO社の特別顧問をしていた。その傍ら、テレビ東京でレギュラー番組の企画と司会も担当していた。『ハローVIP!』という題名の番組で、世界のVIPを私が英語やフランス語で直撃インタビューして、彼らにビジネスやプライベート生活を語ってもらおうという趣旨。毎週土曜日の夜10時30分からの30分番組だったので、取材が大変だった。どのVIPにゲストとして登場してもらうかの選択から、出演交渉、質問項目の作成、実際のインタビュー、日本語字幕の作成まで、ほとんどの仕事を私ひとりでこなしていた。

当時、ニューヨークでの私の定宿はプラザホテルだった。五番街を挟んで反対側、ティファニーのお店の隣にいつもトランプタワーが見えた。5階から10階の外壁は段々畑のようになっており、そこに多くの樹木が植えてある。そのユニークな景観とエコの雰囲気が、私は気に入っていた。

ある日、金ぴかで成金趣味のエントランスからトランプタワーの中に入ってみた。非常に高い吹き抜けが気持ちがいい。何台ものエスカレーターが3階まで動いていて、その横には滝があって、やかましいほどの勢いで水が落ちている。訪問者を爽快で、豪華な気持ちにさせてくれる。

この素晴らしいビルを作ったのが、ドナルド・トランプという人だということは聞いていたが、もっと知りたくなって、本屋に行った。すると、彼が書いた自叙伝『The Art of The Deal』(邦訳本『トランプ自伝』)という本がベストセラーになっており、平積みになっていた。さっそく一冊を買い求め、ホテルに戻って読んだ。

「こんな男はめったにいない。ぜひ自分の番組のゲストに迎えて、直撃インタビューをしたい！」という気持ちになった。

Contact

さて、彼とのコンタクトをどう取ったらいいか、いろいろと調べてみた。その結果、私が特別顧問をしていたＢＢＤＯ社の副社長トム・クラークが彼と親友であることをつきとめた。私はさっそくトムに会いにＢＢＤＯ本社に行った。

「Hello Tom! 今日はお願いがあって来たんだ」

「What can I do for you?」

（なにか私にできることがあるかい？）

「君がドナルド・トランプと親友だと聞いたけれど、僕が司会をやっている日本のテレビ番組のゲストとしてトランプにインタビューしたいと思う。アポを取ってくれないか？　彼にとっても悪い話じゃないと思うよ。日本でトランプの名声が広まれば、彼のビジネスにもプラスになるだろうから」

するとトムは目の前ですぐにトランプ氏に電話をかけてくれた。

「Hello, Donald, this is Tom Clark. How are you?」

（こんにちはドナルド、こちらはトム・クラークだ。元気かい？）

「My Japanese friend, Shu, wants to interview you for his TV program.」

（私の日本人の友人のシューが、彼のテレビ番組で君をインタビューしたいと言っている）

「君にとってもいいＰＲになると思うよ」

するると、電話の向こうのドナルドはしばらく考えてから、こう返事をくれたのだった。

「No problem! How about tomorrow?」

（問題ないよ。明日はどうかな？）

彼は快諾してくれた。友人からの依頼だし、日本でＴｒｕｍｐの名前を広めることは、彼のビジネスにとって有益だと判断したに違いない。その頃から、彼は即断即決の男だった。

{序章}

検証

02

prologue Verification 02

私が感じた彼の初印象

First impressions

翌日、1988年6月13日に私はトランプタワー26階にある彼の社長室を訪問した。

「Hello, Shu. How are you?」

（シュー、元気かい？）

トランプ氏はにこにこ笑って、私に手を差し伸べた。

「Hi Donald. Nice to meet you! Thank you very much for accepting my interview.」

（こんにちはドナルド。会えて嬉しいよ。インタビューさせてくれて、ありがとう）

彼の握手は自信に満ちたしっかりとしたグリップだった。もう片方の手で私の肩に触れて、歓迎の意を示してくれた。

トランプタワー 26 階の社長室。彼は長身で、ハンサムで、カッコ良かった。

First impressions

１９０センチの長身で、超イケメン。まるでハリウッドのスターのような風貌で、明るいオーラで体中が包まれていた。

彼の広い社長室には大きな執務デスクの他に、大きな会議用テーブルのコーナーがあって、私たちはそこでインタビューを始めた。

彼の口調は至って穏やかで、言葉を選び、時々笑みを浮かべた。私に対して気をつかっているように思えた。

ビジネスを最優先するドナルド・トランプ氏のことだから、そのとき彼はこんなことを考えていたに違いない。

（この番組は日本で放映される。その視聴者に対してＴｒｕｍｐの名前を売り込もう。自分の最高のイメージを伝えよう。日本は今バブル経済の絶頂期で、日本の投資家がこぞってアメリカの不動産を買いに来ている。Ｔｒｕｍｐのブランドを売り込めば、自分がマンハッタンに建てている高級マンションを買いに来てくれるに違いない）

{序章}

検証

03

prologue
Verification 03

交渉の美学

The Art of The Deal

「あなたは若き不動産王と言われているが、成功した秘訣は何ですか？」

私は最初から核心に迫る質問をしてみた。

「I've been very fortunate.」

（私は非常にラッキーだった）

「マンハッタンの不動産に投資したが、それが大幅に値上がりした。多くの日本の投資家も利益を上げた。成功するためには、幸運と努力と才能が必要だ」

彼の表情は柔らかだったが、自信に溢れていた。彼は続けた。

「不動産ビジネスで万人が成功するとは限らない。上手に交渉をできる才能を持った人がやれば成功するけれど、才能がない人がやると失敗するだろう。ゴルフでもテニスでも同じことだ。あなたがテレビインタビューをする才能があるようにね」

彼は私に気配りをする余裕をみせた。このあたりが、彼が「交渉の達人」と言われる所以かと私は感じた。

「不動産ビジネスで最も重要なことは何ですか？」

私は彼から成功の秘密を聞き出したかった。

すると彼はにっこり笑って、ゆっくりと同じ言葉を三回繰り返した。

「Location, Location, Location!」

（立地条件、立地条件、立地条件だ！）

つまり価格が高くても、立地条件の良い不動産に投資すれば、必ず将来値上がりして、儲かるということだ。それで彼がトランプタワーを五番街に建てた理由が分かった。

トランプタワーを建てるにあたり、彼は土地、建物、空中権を、三つの異なる会社と交渉をする必要があった。土地はエクイタブル生命保険（現在はアクサ生命保険）が所有、建物はボンウィット・テラーという高級デパートが所有。まず、この2社と巧妙な交渉を行い、契約を成功させた。エクイタブル生命保険はこの

560坪（六本木ヒルズの約2倍の面積）の土地を売る必要はなかったが、トランプ氏が提示した「トランプタワーの経営権の半分」という条件は断るにはあまりにも魅力的だった。結果、トランプ氏は現金を1ドルも払うことなく、土地を手に入れた。次に、ボンウィット・テラーが経営難で急ぎ資金を必要としていたことをつきとめ、最低価格を交渉して1000万ドル（当時のドル円交換レート換算で約20億円）で建物を買い取った。

そのうえで、隣のティファニーと交渉して、空中権を500万ドル（約10億円）で買い取った。ティファニーは、将来にわたり高層ビルの建築を放棄したので、隣に建てるトランプタワーは、そこから望むセントラルパークの素晴らしい眺望を永久に手に入れたのだ。

彼はさらに続けた。

「どんなに才能があっても運がないと、不動産ビジネスでは大損をすることがある。だから自分は不況になった場合のために、あらゆる準備をして自己防衛に努めている。これは、ビジネスマンとしては非常に大切なことだ。攻めの経営をすることもあれば、時にはネガティブに考えることも必要だ」

彼の慎重な一面を見た思いがした。

「特に不動産ビジネスは難しい。才能がない人が手を出すと失敗するだろう。限られた人間だけが才能に恵まれていて、彼らが成功するのだ」

最後は彼の特権意識が見え隠れする発言で締めくくられた。

{序章}

検証

04

prologue
Verification 04

当時からの政治哲学

Political Beliefs

次に彼の政治哲学を聴いてみた。

「あなたはアメリカの海外防衛政策に関して、非常に興味をお持ちだ。昨年（1987年）9月2日にニューヨークタイムズ、ワシントンポスト、ボストングローブなどの新聞に10万ドル（当時のレートで約2000万円）もかけて、意見広告を出しましたね。特に日本を名指しで批判している。真意をお聞かせください」

彼はしばらく考えた後、慎重に言葉を選んで私に話してくれた。

「アメリカは多くの兵士を日本に派遣して、何億ドルもの費用をかけて日本の安全を守っている。それに対して、日本は経済的にアメリカに十分な貢献をしていない。ペルシャ湾もアメリカの艦隊が守っているおかげで、日本のタンカーが涼しい顔をして日本に原油を運べる。その石油を利用して、日本は自動車、家電など多くの製品を製造し、それをアメリカに輸出して巨額の利益を収めている。日本は十分に豊かになったのだから、もっと多くの費用負担をすべきだ。心底そう思っている」

彼の意見広告に書いてあった通りの話だった。しかし、彼の広告の内容はアメリカ国民に向けての彼の意見であり、当時のアメリカの対日政策を痛烈に批判するものだった。

これがその意見広告だ。要点を翻訳してみよう。

"For decades, Japan and other nations have been taking advantage of the United States,". "The saga continues unabated as we defend the Persian Gulf, an area of only marginal significance to the United States for its oil supplies, but one upon which Japan and others are almost totally dependent."

（日本や他の国は何十年間、アメリカを利用してきた。アメリカへの原油供給という意味では重要性が少ないペルシャ湾を警備してきた。日本などはそこに全面的に依存しているのだ）

"Why are these nations not paying the United States for the human lives and billions of dollars we are losing to protect their interests?"
(これらの国の利益を守るために我々が失っている人命と何億ドルもの費用を、なぜこれらの国は払っていないのか?)

"The world is laughing at America's politicians as we protect ships we don't own, carrying oil we don't need, destined for allies who won't help."
(原油を積んだ同盟国向けの船を我々が守っているのに、彼らは協力しようとしていない。アメリカは世界中の笑い物になっている)

Americans could "help our farmers, our sick, our homeless by taking from some of the greatest profit machines ever created —machines created and nurtured by us."
(アメリカが援助してきたこれらの巨大利益マシーンからいくらかの利益を取り戻して、アメリカの農民や病人やホームレスを助けよう)

"'Tax' these wealthy nations, not America," . "End our huge deficits, reduce our taxes, and let America's economy grow unencumbered by the cost of defending those who can easily afford to pay us for the defense of their freedom."

（アメリカではなく、これらの富裕な国々に課税しよう。自国の安全保障の費用を楽々と払える国々への費用負担をなくせば、アメリカは巨額の財政赤字を終わらせ、減税し、経済を成長させることができるのだ）

"Let's not let our great country be laughed at any more."

（我々の偉大な国を、もう笑い物にはさせてはならない）

この広告が出た後、彼は1988年の大統領選挙への出馬が噂されたが、それは実現しなかった。しかし､この意見広告は､この頃からトランプ氏が政治に並々ならぬ興味を持っていたことの動かぬ証拠である。

ところが、私とのインタビューでも痛烈に対日の厳しい意見を述べたあと、彼は私にちょっと笑みを見せながら、こう言ったのだ。

「でも、そういった日本に有利な条件を、無能なアメリカの政治家相手に巧みに交渉した日本の政治家は頭がいい。私は日本人をrespect（尊敬）している」彼は目の前にいた私と、この番組を見るであろう日本人視聴者の気持ちを和らげ、自尊心をくすぐるようなことを最後に付け加えたのだった。こういう気配りができるところが、彼を「交渉の達人」にしているのだろうと、私は思った。

私は苦笑しながらこう聞いた。

「Being sarcastic?」

（皮肉を言っているんでしょ？）

「No, I am serious.」

（いいえ、私は真剣にそう思っています）

これが彼のパーソナル・ブランディングの神髄だ。

パーソナル・ブランディング＝つまり、個人イメージ戦略。彼は自分が話している相手によって、自分が投影したいイメージを構築して、それを最も効果的に伝えるべき話し方、表情、言葉を自由自在にマッチさせる才能を持っていることに気が付いた。この才能は、今回の大統領選挙キャンペーン中の〝吠える暴言王〟のイメージから、勝利宣言以後の穏やかで、大統領らしい言動と態度に豹変したときに見事に発揮された。

ここで我々のインタビューは終了した。トランプ氏は非常にご機嫌だった。それと（ここでシューにナイスにしておけば、いい報道をしてくれるに違いない）という、彼一流のビジネス的計算もあったのだろう。

「シュー、今日のインタビューは楽しかったよ。実は明日が僕の42歳の誕生日で、バースデーパーティーをアトランティックシティーのトランプ・プラザでやることになっている。もしも都合が良ければ、君も招待したい」

「ドナルド、それは素晴らしい。ぜひ、伺わせてもらいます。カメラクルーも連れていって構いませんか?」

「もちろんだとも。僕の友達やたくさんのセレブたちが１０００人ほど来るから、楽しい映像が撮れるよ。明日の夕方7時頃に会おう！」

彼は非常にフレンドリーな笑顔で僕と握手をし、そして社長室の出口まで見送ってくれた。

{序章}

検証

05

prologue
Verification 05

光と影

Light and Shadow

私がトランプ氏のテレビインタビューをしたとき、実は彼の辣腕ビジネスマンぶりと不動産王として名を成す過程が書かれた著作を翻訳していた。ニューヨーク州知事候補にもなったジェローム・トッチリーという人が1985年に書いた『TRUMP』という本で、私はそれを読んで彼に興味を持ち、ぜひ日本語に翻訳しようと思った。そして、テレビインタビューをしたのと同じ1988年6月にダイヤモンド社から『交渉の達人トランプ（若きアメリカ不動産王の構想と決断）』という邦題で上梓した。

私のトランプ研究はさらに続いた。

テレビインタビューの3年後、彼のカジノビジネスが倒産した。そのカジノの社長をしていたジョン・オドンネルという人が1991年に書いた

『Trumped!』という本に興味を持った。

原書を読むと、トランプ氏の経営方法がいかにいい加減で、関連会社の社長人事にも非常に冷酷であるかといったことが書かれていた。また1992年1月3日に惨殺された日本人ギャンブラー柏木昭男氏との勝負なども詳しく描写されていた。いわば、トランプ氏の「影」の部分だ。前述の『交渉の達人トランプ』のなかで描かれているヒーローとはまったく別の人格だった。そこで、彼の「光」と「影」の両方をぜひ翻訳してみようという気になり、飛鳥新社から1992年6月13日に『経営者失格――トランプ帝国はなぜ崩壊したのか』という邦題で出版。今年『D.トランプ　破廉恥な履歴書』と改題され、再度書店に並んだ。

トランプ氏に関する本を2冊翻訳・出版し、かつ彼を1時間も直接テレビインタビュー。その翌晩、彼のバースデーパーティーに招待されたのは、おそらく私だけだと思う。

そこで私が得たたくさんの情報からトランプ氏の印象、性格などを分析。そして、今後彼がアメリカ大統領としてどのような決断を行い、行動を執るのかを予言してみたい。

Light
and Shadow

まず、彼の「性格分析」。

1. 自己中心的で、すべてを自分がコントロールしたがる。
2. 常に注目されたい。スターでありたい。
3. 初対面の人間を短時間の間に見抜く能力がある。
4. 人間に関して、好き嫌いが激しい。気に入った人間は重用するが、気に入らないとバッサリと切る。
5. はっきりモノを言う人間が好き。
6. 即断即決が大好き。1つのことにじっくりと時間をかけないで、次から次へと仕事を処理していく。
7. 話す相手によって、自分の話す内容、話し方、表情などを意識的に変えることができる。(パーソナル・ブランディングの達人)
8. 飽くなき向上心と野心を持った努力家。
9. 言ったことは、やり遂げようとする強い意志と実行力。
10. 白人至上主義。
11. 特権階級意識が過剰。

12. 敵対する相手とは徹底的に戦い、決して妥協しない。しばしば過剰反応することがある。

13. そして、日本人は決して好きではない。(ギャンブラー柏木昭男氏との確執。赤坂にビルを一緒に建てるプロジェクトを小佐野賢治に断られたという噂もある)

ここからアメリカ大統領としての彼の行動パターンを読むと、こんな予想が立つ。

1. 自分はアメリカの国王で家族は王室という意識で活動する。
2. 強いアメリカを政治、経済の両面で実現する政策。
3. まずは内政に着手して、その後で外交。
4. ヒーローと付き合うのが好きなので、プーチンと親しくなる可能性が高い。
5. 意外なスタンドプレーが好きなので、北朝鮮の指導者・金正恩と会見するかもしれない。
6. ビジネスで培った「交渉の達人」としての才能と手法を、政治交渉でも使うことは必至。

7. 1987年の意見広告の頃から、「日本はアメリカに安全保障でタダ乗りするずるい国」という意識を持ち続けている。日本には強硬な姿勢で、多くの要求を突きつけてくるだろう。

8. 自分自身のルーツはドイツ、スコットランド。従って、ヨーロッパとはうまく付き合いたいと思うだろう。イギリスには、ゴルフコースも所有している。

9. アメリカに敵対する国や勢力がアメリカに攻撃の意思を示したとき、核攻撃も辞さないと宣言する。

10. 向上心旺盛なので、「偉大な大統領」を目指すだろう。まずは1月20日の大統領就任式では、歴史上最高と評せられる就任演説をしようとするだろう。

11. 4年後の自身の再選を目指し、そして、8年後には娘イヴァンカがアメリカ最初の女性大統領になるべく、あらゆる努力をするだろう。

第1章

chapter 1

検証

Verifications

トランプ氏が大統領に選ばれた理由

{第1章}

検証

01

chapter 1
Verification 01

A Social Revolution

今回の大統領選挙は社会革命だ

トランプ氏が大統領選に勝った直後、私はアメリカの友人に緊急アンケートを送った。

(1)Did you anticipate that Donald Trump would be elected The President of the United States?

(トランプの勝利を予測していたか?)

(2)What was the biggest reason of this result?

(この結果の最大の要因は?)

(3)Are there many dissatisfied people in America with the existing politicians and the existing system?

(既存の政治への不満がうっ積しているか?)

(4)Do you think that President Trump will really build the wall between Mexico and America?
（トランプ大統領はメキシコとの間の壁を実際に造ると思うか？）
(5)Will he demand Japan to contribute more money to America for defending Japan with its armed forces stationed in Japan?
（彼は、日本の安全保障をしている見返りにもっと多額の経済貢献を日本に要求してくるだろうか？）
(6)Will he try to raise duties against imports from Japan?
（日本製品へより高い関税を課すか？）
(7)Will he demand Japan to buy more rice and beef from America?
（アメリカ産のコメや牛肉をもっと多く輸入するように、日本に要求するか？）

これに対して返ってきた答えのなかから興味深い返事を紹介しよう。

(1)への答え。

The U.S. has awakened to the most surprising upset in American politics since

Harry Truman retained the Presidency over Gov. Dewey in 1948. This was by far the most unexpected result in U.S. history.

歴代大統領選では、１９４８年にハリー・トルーマン大統領が共和党のデューイ（ニューヨーク州）知事を破って再選されたのが大きな番狂わせとして有名だが、それ以上のアメリカの歴史上最大のサプライズだった。（サンフランシスコ、70代ビジネスマン）

(2)への答え。

Both were bad choices. I also think this is reflective of how tired the American people have become with politics as usual. The last few years have been taxing and big government is seen as a very bad thing.

両候補とも魅力がなかった。アメリカ人が既存の政治にうんざりしていることの証左だ。特に「税制」と「大きな政府」に対する不満が最近では大きい。（ダラス、50代ビジネスマン）

(3)への答え。

What the result represents is more than a political victory, at bottom this is a social revolution; a refutation of the status quo, and a true severance from the imbedded Washington establishment.

今回の選挙はトランプの政治的勝利というだけでなく、アメリカに社会的な革命が起きているということだ。既存の政治のやり方とワシントンの特権階級に対する不信・不満がうっ積していて、それが爆発したために、こういう結果になったと思う。(ソルトレイクシティ、40代ビジネスマン)

The Canadian immigration site crashed last night also if that puts the panic factor into perspective. Both options were equally detrimental to our society as a whole, but only time will tell. I have never been more happy for the checks and balances system in my life. And the election is far from over. The Electoral College won't meet for a few more weeks and they have the power to override everything, however that has historically never happened. Also, Clinton won the popular vote, so that is probably going to be a factor in upcoming elections in whether the electoral college is abolished or not.

カナダへの移民を申請するサイトが昨日クラッシュした。選挙結果に幻滅したアメリカ人が多かったという証拠だ。両候補ともアメリカにとって有害だ。しかし、そのうち分かるだろう。我が国のチェック・アンド・バランスがあって、本当に良かったと思う。選挙はまだ終わっていない。「選挙人団」Electoral Collegeが招集されるのは2~3週間後。彼らが他のすべての決定を上回る権限を持っている。しかし歴史上それは起こったことがない。クリントンが国民投票数では勝ったので、次回からの選挙では、「選挙人団」が廃止されるかどうかの要素になるだろう。(シカゴ、30代女性)

(4)への答え。

Knowing Donald as I do, I can guarantee that he will follow through on what he has promised (or threatened) to do.

ドナルドとは以前友達付き合いをして性格をよく知っているが、彼は言ったこ

とは必ず実行しようと努力する人間だ。（ニューヨーク、70代ビジネスマン）

There is already a wall but does not run the full length of the border. I do feel that it is a very real possibility forcing legal entry into the USA. I should also point out that thousands of Mexicans die every year trying to cross a dessert to get into the USA. Perhaps some lives would be saved if a wall was in place preventing people from attempting such a dangerous venture……

現在すでに壁はあるけれど、部分的だ。アメリカへの合法移民だけを強制する可能性はあると思う。アメリカに入国しようとして、砂漠を横切ろうとして何千人ものメキシコ人が死んでいる。壁を造れば、そのような危険なことをする人を防ぎ、命を救うことができる。（ニューヨーク、40代男性）

Yes he will build the Wall. But first he will tear down a lot of symbolic walls in Washington, Wall St., and the National Media.

はい、彼は壁を造るだろう。しかしまず彼はワシントン、ウォール街、全国メ

ディアなどとの象徴的な壁を取り崩すだろう。(ロサンゼルス、30代ビジネスマン)

(5)への答え。

He will either pull out of Japan entirely, or make them pay for the help received if he is not stopped by other forms of government.

政府の他の部署が反対しなければ、彼は日本から米軍を引き上げたり、日本に応分の支払いを要求するだろう。(ノース・カロライナ、20代女子大生)

(7)への答え。

Our farmers are always open to selling more to Japan. I do not think it will be a "demand" as it should be a good things for all of us……

アメリカの農家は、もっと日本に売りたいといつも思っている。「要求」ではなく、両国民にとって、いいことだ。(ミネアポリス、60代男性)

こうしたメールを読んで、今回の選挙結果はアメリカ人たちにとって大きなショックだったことを実感した。その中でひとり、トランプ氏とかつて交友関係にあったトム・クラーク（前出）が言ったことが、非常に興味深かった。

Most importantly, he will Make Deals-it's who he is.

（最も重要なことは、彼はディール＝ビジネス交渉をしようとするだろう。それが彼の真骨頂だ）

このように概してトランプ氏に批判的な声が多かったが、支持派からのメールも舞い込んできた。私がハイスクール留学していたイリノイ州サンドイッチハイスクールの同級生のヴィッキーと御主人のトムだ。トムがフォードの工場を退職後、フロリダに移住して、現在は悠々自適の年金生活で、毎週３回のゴルフを楽しんでいるそうだ。フロリダには多いリタイア夫婦だが、今回は彼らのような人々がフロリダ州におけるトランプ氏の勝利の原因になったと言われている。

トムからの返事をご紹介しよう。

(1) Vicki and I hoped for a Trump victory but thought "Crooked Hillary" would

win.

夫婦でトランプの勝利を望んでいた。でも、「ひねくれたヒラリー」が勝つと思っていた。

(2)Clinton ran a very poor campaign. Had no message. ever articulated her position, spending all of her time criticizing Trump. Both she and Trump had very high unfavorable ratings. The worst rating since this criteria has been measured.

クリントンはキャンペーンが下手だった。メッセージが何もなかった。自論を展開する代わりに、トランプを批判することに彼女のすべての時間を費やした。彼女もトランプも非常に悪い支持率だった。歴史上最悪だった。

(3)Many Americans are disappointed with all politicians, both Democrats and Republicans. Over 80% of Americans view our Congress as unacceptable and ineffective.

多くのアメリカ人が民主党、共和党に関わらず、すべての政治家に失望している。80%以上のアメリカ人が我が国の議会は受け入れがたく、効果がないと思っている。

(4)Trump will secure our boarder and support the Boarder Patrol agents. Obama did neither!

トランプは我が国の国境を守り、国境警備隊を支持するだろう。オバマはその両方ともしなかった。

(5)I don't know about changes for Japan. You can be sure that he will increase import taxes on China. China has been ripping off the US for years, stealing our best ideas and product models and building "knock off" products, golf clubs for example.

日本への政策は私には分からない。中国に対しては、輸入関税を引き上げるだろう。中国は長年アメリカから利益を上げてきた。我々の最高のアイデアや製品を盗み、模造品を作ってきた。ゴルフクラブが良い例だ。

もうひとり、日本に対して好意的な意見を発見したときは嬉しかった。

私の10年来の親友のパット・ヴェラスコ氏で、私が数年前にサンドイッチハイスクールの50周年のクラス会に出席したときに、ミネソタからプライベートジェットを操縦して、夫妻でわざわざ会いに来てくれ、夕食をご馳走してくれた。それほど親しい友人の彼がこんなことを書いて来てくれた。

The American people view Japan as one of our best friends in the world. We should be thanking Japan for allowing the USA to have forces stationed there.

（アメリカ人は日本人のことを世界で最良の友人の一人だと考えている。米軍を駐屯させてくれている日本に対して、アメリカ人は感謝すべきだ）

その後、世界的に著名で私の親友である二人のイギリス人にも感想を尋ねたところ、すぐにメールで返事が来た。彼らも１９８８年に私が司会していたテレビ番組『ハローＶＩＰ！』のゲストであって、それ以来28年間付き合いを継続している。

ひとりはヴァージングループの創設者であるリチャード・ブランソン会長。彼からの返事は相当に悲惨な内容だった。

"This sums it up well. Below. Very sad day"
「これが私の気持ちを上手に表現している。非常に悲しい日だ」
"How is this for parental advice: it's ok to be a bully. It's ok to be a misogynist. It's ok to be a racist. It's ok to tread on others. It's ok to lie. It's ok to cheat and betray. It's ok to be incompetent and uninformed. It's ok to hate. It's ok to defame. It's ok to be vindictive. It's ok to be a complete asshole. And it's great to be all of these things and a white male. Why? Because then, my son, there's hope you'll make it in life. Who knows? You could be President one day!"
「親から子供へこんなアドバイスをしたらどうだろう：弱い者いじめをしてもいい。変態主義者であってもいい。人種差別主義者であることもいい。無能で、無知であることもいい。嫌うこともいい。名誉棄損することもいい。悪意を持つこともいい。完璧な大ばか者であることもいい。これらのすべてであっても、白人男性であることは素晴らしい。なぜか？　なぜなら、息子よ、おまえが人生で成功する希望があるからだ。もしかしたら、いつか大統領になれるかもしれない」

私は長年リチャードと親友付き合いをしているが、彼がこれだけ落ち込んだ感じのメールを送ってきたのは初めてだ。彼はすでにＢｒｅｘｉｔ（イギリスがＥＵを脱退することを決めた国民投票。２０１６年６月23日に実施された）で、大きなショックを受けており、トランプ勝利は今年の２度目の大ショックだった。彼は「トランプ氏の当選はアメリカと世界にとって良くないことだから、彼に投票をしないでほしい」と周囲に繰り返し働きかけていた。ＣＮＮでは彼のメッセージは何度も放映されていた。

リチャードが正義感の強い男であることは、過去28年間の付き合いで私は良く理解している。その彼があれほどあからさまにトランプ反対を表明したのは、よほど強い危機感を感じていたに違いない。

彼はトランプ氏と一度ニューヨークで食事を一緒にしたそうだ。しかし、そのときに非常に不快な思いをしたと、ＣＮＮで話していた。失礼な会話の内容と彼の態度にリチャードは我慢ができなかったようだ。彼が他人の悪口を言うのは、これまであまり聞いたことがなかったので、トランプ氏に対する彼の嫌悪感は十分に想像できた。

トランプ氏が大統領に選ばれた日のことを彼は、短い言葉で「Very sad day」と表現した。

トランプ氏についてもうこれ以上何も言いたくない。自分の気持ちは、自分の会社の役員が書いた文章と全く同じだから、これを読んでくれ、と私にメールを送ってくれた。ショックの大きさを十分に感じとれるメールだった。

もうひとりは、世界的人気作家であり、政治家（保守党副幹事長）でもあったジェフリー・アーチャー卿だ。彼はこんな返事をくれた。

"Dear Shu,

This will be a time for crossing our fingers and hoping for the best.

I was relieved that Mr Trump made such a conciliatory speech when accepting the victory, and talked about bringing the nation together. I also think he has some wise heads around him, like Rudy Giuliani and Senator Christie. But I have no idea how it's going to work out.

Best wishes,
Jeffrey"

「親愛なるシュー、
我々が祈って、最善を望む時というのは(我々の人生の中で)あるものだ。

トランプ氏が勝利宣言をした時、大変に和解的な演説をし、国を統一しようとしたことで、気持ちが楽になった。彼の周りにはルーディ・ジュリアーニやクリスティー上院議員など賢い人がいるのだと、私は思う。しかし、どういう展開になるかはまったく分からない。

それでは。

ジェフリー」


文章を書く天才であるジェフリーが「祈る」という言葉を使ったことから、「とんでもない男が大統領になってしまった。さあ、これからどうなるだろう」という、何とも形容しがたい彼の気持ちが如実に表れていると感じた。

勝利宣言で見せたトランプ氏の態度と話し方の豹変に、彼が少し安心したのは、私もまったく同じだった。

私はトランプ氏の勝利宣言をCNNで見たとき、仕事の手を休めてスクリーンにくぎ付けになった。

「あっ、昨日までのトランプ氏とは違う。28年前に私が会ったときに感じた、あのポジティブなオーラが戻ってきた」

これには世界が驚き、そして少し安心した。

ところが、ジェフリーがトランプ氏の近くに賢い人がいると指摘した二人のうち、クリスティーはすでにその立場から外されてしまった。本当にトランプ氏は何を考えているのか、我々には想像がつかない。そのことをジェフリーも最後に言っている。ジェフリー自身、イギリスの保守党の副幹事長まで務めた人で、プロの政治家でもある。その彼が「祈る」とか「分からない」という表現を使っているところは、トランプ氏と言う人は我々日本人だけでなく、同じ欧米人のインテリでも完全には理解できない、不思議でミステリアスな部分を持った人ということだろう。

アメリカの最も近い同盟国のインテリであるふたりから、このような深い落胆と今後の予測が不能な懐疑の反応が来たことは、やはりトランプ大統領の出現が、Ｂｒｅｘｉｔ（イギリスのＥＵ脱退）と同じようにまったく意外な出来事だったことを物語っている。

{第1章}

検証
02

chapter 1
Verification 02

平均的アメリカ人たち

Average Americans

私は高校時代、1962年8月から一年間AFS留学生として、イリノイ州サンドイッチという人口5000人の田舎町にホームステイし、サンドイッチハイスクールで勉強した。

この町は、極めて平均的なアメリカ人が住んでいた。住民の大多数をWASP（White, Anglo-Saxon, Protestant）と呼ばれる人たちが占めていた。人種としては、ドイツ系、イギリス系、スカンジナビア系の人たちが多く、黒人やヒスパニック系、イタリアなどの南欧系はほとんどいなかった。

そんな町に一年間暮らしてみて、彼らの精神構造が相当に理解できた。彼らの本音はこんな感じではないだろうか。

(1)我々WASPがアメリカを築いた主流である。（白人優越）

(2)黒人、メキシコ人、アラブ人、中国人、日本人たちは主流ではない。(人種差別)
(3)アメリカを中心に世界は回っている。(アメリカ第一主義)
(4)すべての人が神を信じて、毎日曜日教会の礼拝に行くべきだ。(キリスト教中心)
(5)日本や中国は、アメリカから雇用を奪っている。
(6)日本やサウジアラビアは米軍の庇護で安全保障が成り立っている。彼らがその費用を負担していないのは、ずるい。

今回、こうした精神構造を持った平均的アメリカ人の本音を、トランプ氏は鋭く感じ取り、それに向かって吠えることで共感と票を得たのだろう。両候補の演説やテレビ討論を見聞きして、彼らが受け取った印象は以下のようなものだと私は思う。

最近、社会全体のやかましいポリティカル・コレクトネスというものによって、我々は本音をなかなか口にすることはできない。だが、トランプさんがそれを大声で吠えてくれた。

ヒラリーはニューヨークにいて、裕福な生活をしている。地方で細々と暮らす我々の生活は理解していないだろう。大手証券会社で一回講演すると数千万円もの謝礼をもらっているらしい。そして、クリントン財団に献金した人や国に対して便宜を図っていたようだ。汚い！

オバマは「Ｃｈａｎｇｅ！」と叫んで大統領になったけれど、何もＣｈａｎｇｅしなかった。それどころか自分たちの生活はますます苦しくなった。貧富の差も拡大している。ヒラリーが大統領になったら、もう変化は何も期待できないだろう。その点、トランプさんは乱暴だけれど、何か変化を起こしてくれそうだ。彼に賭けてみよう！

アメリカではテレビ伝道師が大きな影響力と多くの信者を持っている。トランプ氏の今回のキャンペーン手法は、まさにテレビ伝道師のそれと酷似しているように、思えた。

白人キリスト教徒の間には、「ポリティカル・コレクトネス」の徹底に反感を持つ人が少なくない。「ポリティカル・コレクトネス」とは、政治的・社会的に公正・公平・中立的で、かつ差別や偏見が含まれていない言葉や用語のことで、職業・性別・文化・人種・民族・心身のハンディキャップ・年齢・婚姻状況、そして宗教などに基づく差別・偏見を防ぐ目的の表現のこと。そのため、現在のアメリカではクリスマス休暇を祝う言葉は、かつての「メリー・クリスマス！」ではなく、「ハッピー・ホリデーズ！」と言わなければならない。「メリー・クリスマス」はキリスト教徒のための言葉だからだ。

当然、敬虔なキリスト教徒はこうした社会のあり方に不満がある。トランプ人気の背景には、そうした人々の社会的不満があった。

{第1章}

検証
03

chapter 1
Verification 03

個人イメージ戦略

Personal Branding

1988年6月13日に私がトランプ氏に会って、1時間インタビューした時の印象のひとつに、「巧みなパーソナル・ブランディング」の戦略があることを先に少し触れた。パーソナル・ブランディングは「個人イメージ戦略」と訳してもいいだろう。

ブランディングという言葉を使う人は日本でも増えたが、本当の意味をすこし説明しよう。

私は母校の一橋大学で毎週グローバルビジネスの講義を持っている。アベノミクスやソニーのウォークマン誕生など日本の政治経済に関する授業や、アップルやグーグルなど、現在の花形企業誕生の物語などを英語で講義している。その中でも「ブランディング」は自分が最も興味を持ち、熱意を持って講義している分野である。

「ブランディング」には３つの分野がある。

［1］Corporate Branding 企業ブランディング（例：ソニー）

［2］Product Branding　商品ブランディング（例：ウォークマン）

［3］Personal Branding　個人ブランディング（例：盛田昭夫氏）

例として、ソニーの企業・商品・個人のそれぞれのブランディングを挙げたが、ソニーはそれぞれに国際的で先進的、かつポジティブなイメージを確立させた。

トランプ氏は、この三つのブランディングに優れた人物だと私は評価している。

［1］Trumpという企業グループ全体のブランド価値を高めた。

［2］Trump Tower, Trump International Hotel, Trump National Doral Miamiなど、Trumpのブランドを冠したビジネスユニットの価値を高めた。

［3］Donald Trumpという個人ブランドの価値も高めて、その結果、大統領選挙に勝利した。

確かに彼はこれまで何度か倒産もしたが、過去数十年間Ｔｒｕｍｐのブランドを掲げ、その価値を高めてきた。その結果、Ｔｒｕｍｐの名前のついたホテル、ゴルフ場、高級マンションなどのブランドイメージが高まり、料金が周りより高くてもお客が利用してくれるようになった。これがビジネスにおけるブランディングだ。

それに加えて、彼自身のイメージ、つまりパーソナル・ブランディングではどのような戦略を駆使したのだろうか。

大統領選挙のキャンペーン中のトランプ氏は、しきりに暴言を吐き、大声で吠えまくった。

これをどう見るか？　彼に会ったことのない人たちは、単純に「乱暴」「粗野」「理性がない」という言葉で片付けた。しかし、１９８８年に彼に会って1時間インタビューした私は、あれは彼一流のパフォーマンスであると分析した。

パーソナル・ブランディングを実施する時に、考慮に入れるべき項目を列挙してみる。

［1］誰に訴えるか？

［2］相手はどんな不平・不満を抱えているか？

［3］相手に何をどういう調子で訴えたら、共感を得られるか？


この分析に従って、トランプ氏は以下のような結論に達し、自分自身の人物像とシナリオを描き、それを自身で演じたのだろう。

［1］平均的な白人のアメリカ人。

［2］既存政治への不信と格差拡大への不満。

［3］彼らの怒りを代わりに吠える！


選挙キャンペーン中の言動は彼の自作自演のパフォーマンスだったと、多くの人が気づいたのは、大統領選に勝った直後の彼の勝利宣言だった。その時、トランプ氏には前日までの「吠える暴言王」の姿はなく、「大統領らしい」ことを、「大統領らしい」話し方でスピーチした。それを見て、聴いたアメリカと世界中の人た

Personal Branding

ちは「あれっ？　トランプさんって、案外まともではないか」と驚いたのだろう。その結果、前日900円暴落した日経平均株価が1200円も上昇し、101円台まで行った円高が反転して105円台に戻った。

この裏に何があったか。私の推測は以下の通りだ。

娘のイヴァンカさんは、トランプ・オーガニゼーションの副社長であると同時に、Ivanka Trumpの名前を冠したアパレル、宝飾品のブランドビジネスを経営する社長でもある。

彼女はブランディングの重要性を十分に理解しており、おそらくトランプ氏の勝利宣言の前日、父親にこう言ったのではないか。

「Father, you have just won the election. There is no need to bash Hillary Clinton any more. Please be kind to her and please speak like the next President of the United States.」

（お父さん、あなたは選挙に勝利しました。もうヒラリーさんを叩く必要はありません。彼女に優しくしてあげてください。そして、アメリカ合衆国の次期大統領に相応しい話し方をしてください。彼女が言っていた『この選挙で分断したアメリカをもう一度一緒に統一しましょう』という言葉もぜひ付け加えてください）

その結果、トランプ氏はまずヒラリーさんを褒めた。

ウィンブルドンテニス大会などで、優勝者はまず準優勝者を褒めて、次に自分が勝てたのはいかにラッキーだったかというスピーチをする。これがスポーツマンシップ、またはフェアプレイ精神で、欧米の精神構造の中で最高位に位置する美徳なのだ。そして、その後で、「アメリカを一緒に統一しよう！」と続けた。この結果、彼のイメージが一変した。

私はイヴァンカさんを非常に高く評価しており、トランプ大統領のパーソナル・ブランディングの私的アドバイザーとしての役割を、彼の近くにいて果たすものと期待している。私自身も含め、世の中の父親というものは、娘からのアドバイスには必ず耳を貸すものなのだ。

ついでに彼女の夫、ジャレッド・クシュナー氏にも注目してみよう。

名門ハーバード大学を卒業し、35歳で父親から譲られた不動産会社の社長であり、資産は20億円と言われる。父親チャールズ・クシュナーは今年62歳。2005年に違法選挙寄付、脱税、証人買収で起訴され、しばらく監獄に入っていた。ジャレッドがハーバード大学に入学したのも、父親が250万ドル（約2億8000万円）を大学に寄付したからという噂もある。

こういうグレーな背景を持つジャレッドだが、トランプ氏が選挙に勝ったのは、彼が積極的にfacebookやtwitter、YouTubeなどのSNSを駆使して、多くの有権者たちにアピールしたことが功を奏したと言われている。

一方のヒラリー・クリントン陣営は、トランプ氏の倍以上の選挙資金をつぎ込みながら、既存メディアに偏っていたために、資金効率、ターゲットへのリーチなどで無駄が多く、失敗に帰結したらしい。

選挙後の統計によれば、両候補が選挙キャンペーンに使った金額は、ヒラリー・クリントン氏が6億9000万ドルでドナルド・トランプ氏が2億8600万ドルと言われる。彼らが獲得した選挙人はクリントン氏が228で、トランプ氏が279だったから、1人の選挙人を獲得するのに要した金額はクリントン氏が

260万ドルで、トランプ氏が103万ドルという勘定になる。トランプ陣営の効率の良さは明らかだ。

加えて、トランプ陣営はPRを上手に利用した。これも、クシュナー氏とトランプ氏が相談し、力を入れた戦略だったと私は推測する。

選挙キャンペーン中、トランプ氏は「吠える暴言王」と言われたほど、大げさな発言を連発した。すると、マスコミはその度にこぞって大きく報道した。

キャンペーン期間中、私はCNNをずっと付けっぱなしにしていたが、毎日トランプ氏に関する報道が、それこそ朝から晩まで満載だった。実際の彼の発言を紹介した後、評論家たちがそれに関して論評や批判などを延々と展開した。毎日、放送時間の半分近くをドナルド・トランプ情報に費やしたと思えるほどだった。その結果、伝統的メディアの王様であるテレビではトランプ氏の露出量がクリントン氏をはるかに上回った。

これらの露出に対して、トランプ陣営は1ドルも払う必要はなかった。

一方、クリントン陣営は多額の金を払って、テレビコマーシャルを流した。これは「広告」だ。

トランプ陣営は無料で、テレビニュースで報道してもらった。これは「PR」。第三者が勝手に報道してくれるのだ。

英語に「Any press is good press.」という言葉がある。「どんな報道でも、いい報道である」という意味だ。

今回、トランプ氏はこの言葉が正しいことを、まさに証明したのだった。

トランプ氏はジャレッド・クシュナー氏の貢献度を高く買って、政権移行チームの事実上の最高責任者として彼のアドバイスや進言に耳を傾けている。共和党大統領選挙候補の座を降りてから、トランプのキャンペーンを支えてきたクリス・クリスティー(ニュージャージー州知事)の首を切ったのは、ジャレッドだったと言われている。前述・父親チャールズが有罪判決を受け投獄された時、クリスティーが担当検察官で、その意趣返しをしたと言われる。

いずれにしても、ジャレッドはトランプ大統領、マイク・ペンス副大統領に次ぐ実力者として、今後4年間(トランプ大統領が再選されれば8年間)大きな影響力をホワイトハウスに及ぼすことになるだろう。

私は、政策面ではジャレッドが、イメージ戦略面ではイヴァンカが、トランプ大統領をしっかりサポートしていくものとみている。

第2章
chapter 2

対談
Dialogue

春名幹男×植山周一郎

春名幹男

京都市生まれ。大阪外国語大学ドイツ語学科卒業後、共同通信社に入社。1979年ニューヨーク特派員、その後、ワシントン支局長などを務め、在米報道は計12年。2007年、共同通信社を退社し、名古屋大学大学院国際言語文化研究科教授に就任。2010年から、早稲田大学政治学研究科ジャーナリズムコース客員教授。著書に、米核被害者をルポした『ヒバクシャ・イン・USA』、東芝事件を追った『スクリュー音が消えた』、CIAの日本での活動を証拠付けた『秘密のファイル― CIAの対日工作』、『仮面の日米同盟』など。

Dialogue

トランプ氏が選ばれた理由

植山周一郎　まず春名さんの見解をお聞きしたいのは、大統領にどうしてトランプ氏が選ばれて、ヒラリーさんが選ばれなかったんでしょう。

春名幹男　やはりトランプさんの選挙戦略が一枚上手だったということでしょうね。民主党が優位と見られた激戦州のペンシルベニア（選挙人数：20）、オハイオ（同18）、ミシガン（同16）、ウィスコンシン（同10）の4州をすべて共和党が制しました。白人労働者層が、今回は共和党のトランプさんに投票したからです。

植山　いわゆる「ラストベルトRust Belt（錆びた一帯）」と呼ばれる州ですね。

春名　そうです。かつて重厚長大産業が盛んだった一帯です。ペンシルベニアには鉄鋼の街・ピッツバーグがありますし、ミシガンにはデトロイト、自動車産業の中心地ですね。アメリカはだいたいメリーランド州から北の東海岸、それと西海岸の諸州は民主党。西部～中西部の南部は共和党とほぼ決まっており、選挙人の数は拮抗した状態です。勝負はフロリダとラストベルトの結果に左右されるのですが、トランプさんはそこに狙いを定めた選挙運動をしたんですね。

※対談は12月1日に行われ、その時点での動向、状勢をもとに構成されています。

植山　基幹産業がさびれ、疲弊した労働者階級に向けて訴えたキャンペーンが功を奏したわけですね。

春名　自動車産業を例にとると、全米自動車労組（ＵＡＷ）は、私が初めてニューヨークに赴任（共同通信社ニューヨーク支局）した１９７９年当時は１５０万人もの組合員を擁していました。それが、現在は30万人台です。かつては豊かな生活ができましたし、年金など社会保障も充実していた。ところがいまは先が見えない状況でしょう。そうしたなか、トランプさんは彼らの心に響く、「アメリカ製造業の復活」を掲げ、予備選挙から大統領選の最後の日まで一貫して訴えていました。「メキシコ国境に壁を造る」とか「ＮＡＦＴＡ（北米自由貿易協定）反対」とかも最後まで言い続けました。

植山　国境の壁はメキシコからの不法労働者の侵入を防ぎ、アメリカ人の働き口を守る。ＮＡＦＴＡは工場のメキシコへの移転を防ぐ、という論理ですね。

春名　対するヒラリー・クリントンさんは、印象の強い言葉をほとんど発言しませんでした。政策に関する詳細が多く、庶民には分かりにくかったんでしょう。

植山　日本人の立場から見て不思議だったのは、ヒラリーさんはウォールスト

Dialogue

リートとも仲の良いお金持ち。でも、トランプさんはもっとお金持ち。印象的には、トランプさんのほうが悪いのに、それでもアメリカの労働者は支持したんですね。

春名 正直、トランプさんには信用できない面がありますよね。

植山 はい(笑)。

春名 キャンペーン中の演説にも、いろいろとファクト(事実)の間違いがありました。すると、そのたびにニューヨークタイムズやワシントンポストが指摘し、批判しましたが、いまのアメリカ人はあまり新聞を読みませんから、批判が波及しない。白人労働者にとって、それより問題はいまの生活なんです。生活が苦しく、将来が不安。この状態から抜け出させてくれるのはどちらか、で選んだんですね。

植山 信用できないという点では、ヒラリーさんにはメール問題(国務長官在任中に、私的なメールアカウントで公務の通信を行ったなどの問題)がありました。

春名 ええ、昨年(2015年)3月にメール問題が持ち上がったあと、最初の対応で大失敗しました。釈明会見を、なぜか国連本部でしたんですね。国連本部は、かつて私も毎日のように通いましたが、パス（入場許可証）を入手するのが大変なんです。そこでの会見。ヒラリーさんの取材記者たちはもともとパスを持っていませんから、長い時間並んでやっとパスをもらい、会見場に入ったと思ったら、ヒラリーさんが25分間一方的にしゃべり、質疑を受けずに終わらせちゃった。疑惑は晴れない。運の悪いことに当時、ヒラリーさんは選挙戦でオバマ批判を展開していましたから、オバマさんもかばってくれなかった。結局、ヒラリーさんが謝ったのは半年後の９月でした。

植山　〝クルキット・ヒラリー〟Crooked Hillary。ねじ曲がった、ずるい奴だって、トランプさんはそればっかり喧伝してましたね。

春名　〝嘘つき〟のレッテルが張られ、信用できないという点ではトランプさんと並んでしまった。

植山　ははは（笑）。それと、こういう要素はありますか？　８年前にオバマさんが「Ｃｈａｎｇｅ！」を訴えて大統領に選ばれたじゃないですか。ところが、８年間政権を託してみたけど、自分たちの生活はちっとも良くならなかった。同じ民主党のヒラリーさんに任せたって、多分何もチェンジしないだろう。そんな現政権への幻滅があったのでは？

春名　まさに、それが大きかったと思います。ヒラリー・クリントンは昨年9月に方針を転換して、オバマ支持を打ち出したんです。でも、庶民の間にはオバマ政権に対する幻滅があった。かつてオバマさんはこう言ってました。「ブラックのアメリカなんてない。ホワイトのアメリカもない。イエローのアメリカもない。あるのはユナイテッド・ステーツ・オブ・アメリカ（アメリカ合衆国）だ」。民主党も共和党もない。みんなで一緒に新しいアメリカを作ろう、と訴え彼は大統領に選ばれた。ところが、オバマさんは、現実には党派的な政治手法に終始した。

植山　その政権を支持し、政策を踏襲しようというヒラリーさんには期待できない。だから、トランプさんの悪評が何度か立ったにもかかわらず、圧倒的な人気を得られなかった。

巧みな自己演出

植山　トランプさんは選挙キャンペーン中、過激な内容の発言を吠えまくってま

２人のトランプ・ウォッチャーが大統領選挙と今後の展望を大いに語り合った。

Dialogue

した。それは、白人の労働者層の心にダイレクトに訴える戦術だったという、春名さんの見解に私も賛成なんですが、勝利宣言では内容も話し方もガラリと変わりました。あれは、単に彼が当選後、少し時間をおいて冷静になったからではなく、彼一流の「パーソナル・ブランディング」。自分の見せ方を研究した結果だと思うのですが。

春名　私もそれだと思います。彼は、自分の〝地〟が出るときと、〝地〟を出さずに演出するときがありますね。ここぞという、大事なときには筋書きどおりのパフォーマンスをしています。いま振り返ってみると、彼が共和党の予備選で、スタートダッシュに成功したのは、昨年（15年）12月のカリフォルニアでのテロ（サンバーナディーノ銃乱射事件。12月2日、「イスラム国（ＩＳ）」に忠誠を誓ったイスラム教徒夫婦による銃乱射で14人の命が犠牲になった）への対応だったと思います。そのとき彼は、「イスラム教徒の入国は即時全面停止だ」と発言したんですが、目の前の紙を見ながら言っていました。

植山　なるほど。感情に任せて「いますぐ報復だ！」なんてエスカレートしたら、国家のリーダーとして疑問符が付くでしょうね。

春名　そうです。そして、植山さんが指摘された勝利宣言ですが、プロンプター（原稿を映し出す装置）を見ながらでした。

植山　そこで私の推測で、この本にも書こうと思っているんですが、今回の彼の演出、「パーソナル・ブランディング」づくりには、娘のイヴァンカさんのアドバイスというか、指示があったのでは?と想像してるんです。彼女は、かつてファッションモデルをやり、現在は自分の名前を冠したファッションブランドを経営しています。ブランドのイメージづくりについてはプロです。選挙戦中の彼女は終始一貫、完璧に理知的でした。そのイヴァンカさんが勝利演説の前の晩、父親に「ヒラリーさんを責めるのはもう止めてください。代わりに、彼女に敬意を表し、彼女が使っていた〝アメリカを統一しよう〟という言葉を使ってあげてください」とアドバイスしたのでは、と少しうがった見方をしてるんです。

春名　いやいや、トランプさんへのアドバイスはあったかも知れないですよ。なぜかというと、イヴァンカさんとクリントン夫妻の娘・チェルシーさんは仲のいい友だちなんです。それで、トランプさんはキャンペーン中、「ヒラリーを牢屋にぶち込め」ってあれほど叫んでいたのに、当選後は（メール問題で）ヒラリーさんませんと発言した。それも、イヴァンカさんの意見があったからかも知れません。

植山 例えば、テニスのウィンブルドンの決勝でも、勝者は最初に戦った相手に賛辞を送ります。そうした態度は欧米人にとっての最高の美徳のひとつじゃないですか。

春名 そうです。あそこでさらにヒラリーさんを非難したら、大統領としての資質が問われます。〝大統領らしさ〟を意識したスピーチでしょうね。

植山 さっそく自分を大統領らしく演出したんですね。そのお陰で、前日大暴落した株価が急反発しました。円高も急旋回です。

春名 共和党の経済政策への期待もあったんでしょうね。トランプさんは共和党といっても、傍流というか、逆流というか(苦笑)。

植山 ははは っ、逆流ですか(笑)。

春名 それでも、アメリカ議会は上下両院とも共和党が多数派になり、大統領と一致して政策を作り、遂行するわけですから。

植山 でも、選挙期間中は、共和党の主流派の多くがトランプさんには投票しないと言ってました。彼らとは上手くやれるんですか？

春名　確かに簡単なことではないと思います。すぐに共和党主流派の大物ミット・ロムニーを招いて会談したのは、党との融和を図る狙いがあるんでしょう。ロムニーは共和党内ではトランプ批判の急先鋒で、とても厳しい批判を繰り返していました。

植山　ロムニーを重要閣僚に迎えることができれば、共和党との融和は進むでしょうね。

春名　そうですね。まぁ、それでも一部には不満がくすぶるでしょうけど……。

植山　一気に解決、とはいきませんか。

メキシコ国境の壁

植山　ところで、トランプさんの政策で、最も注目されたなかに、メキシコ国境に壁を築くというのがありました。本当に造りますかね。

春名　無理でしょう。

植山　公約違反？

春名　ところが、彼の政策には「メキシコ政府が費用を負担すると理解して」とあります。メキシコが同意するとは思いませんから、公約実現に向け交渉したが、同意が得られずということで非難をかわせます。でも、この政策の狙いは、先ほどの「イスラム教徒の入国を即時停止」と同じで、政策の実現性ではなく、そこまで言及する強硬な姿勢を示すこと。それで支持を得たわけです。

植山　メキシコからはドラッグ類の密輸だけでなく、不法移民が深刻な社会問題ですからね。

春名　ええ。単純な不法移民であれば、見つけて国外退去させれば済みます。問題はアメリカ国内で出産した不法移民です。アメリカの法律では、国内で生まれた子どもはアメリカ国籍です。摘発した不法移民にアメリカで出産した子どもがいれば、親だけ国外退去させるわけにはいかず、在留を認めざるを得ない。彼らは安い賃金でも働くので、結果、アメリカ人の職を奪う。あるいは賃金相場を下げることになる。

植山　だから、トランプさんの政策に多くの有権者が快哉を叫んだんですね。で

「春名幹男先生のアメリカ政治とトランプ氏に関する知識の広さと洞察力の深さに感心しました」（植山）

したら、壁は無理でも、不法移民には厳しい政策を執るでしょうね。

春名　そうだと思います。メキシコとの国境警備、監視には予算を割くでしょうし、国外退去にも積極的に乗り出すと思います。オバマ政権でもやっている処分ですが、より厳しく当たるでしょう。

植山　なるほど、目に見える壁は建設しないけど、目に見えない壁をより高くするということですね。もうひとつ。日本にとっては影響の大きな政策、ＴＰＰですが、就任後すぐに離脱すると宣言しました。トランプさんはＴＰＰのどこに反対なんですか？

春名　トランプさんの頭のなかでは、ＮＡＦＴＡの失敗、ＮＡＦＴＡによって雇用をメキシコに奪われた失敗を重ねたくないんでしょう。

植山　自動車や家電関係の工場がずい分メキシコに移転したようですね。

春名　ええ。日本車メーカーもトヨタ、日産、マツダ、ホンダが工場を稼働させていますし、トヨタは新工場を建設中です。

植山　メキシコの安い労働力を使って自動車を作り、それを基本的に無税でアメリカに輸出するわけですね。結局、トランプさんにとってＴＰＰは、例えば農産物の日本への輸出というメリットはあるが、それより国内製造業の流出というデメリットが大きいとの判断ですか。

春名　そうです。

植山　そういえば先日、トランプさんが空調機器大手のキャリア社が予定していたメキシコへの工場移転を阻止。インディアナ工場で働く約１０００人の雇用を守ったと大きく報道されていました。インディアナ州知事のマイク・ペンス（次期副大統領）が、同社の親会社に直接要請し、合意に至ったとのことです。民間の経営計画に介入するという、いかにもトランプさんらしい強引な政治手法ですが、現地では喝さいを受けていました。

春名　ＴＰＰは基本的に関税ゼロと貿易ルールの改正の２本柱がありますが、たとえ締結されたとしても、どちらもすぐにすっきりと実施されそうにありません。複雑な問題や交渉事項がたくさんあって、トランプさんもそのあたりの事情は理解していないと思いますけど。

植山　トランプさんは今後日本へ、２国間協議で農産品の関税撤廃や輸入量の拡大を迫って来るのでは？

春名　でも、その場合は、日本は自動車の輸出でアメリカに譲歩しているわけで、有効な取引材料があります。

植山　それはアメリカの自動車産業にかかわる問題。トランプさんといえども日米間の貿易協定は簡単ではありませんね。

ＴＰＰは対中国戦略

春名　さらに大事なのは、アメリカにとってＴＰＰの真の狙いは対中国戦略ということ。オバマさんが「中国には貿易のルールを書かせない」と言ったように、この地域（アジア、太平洋地域）の貿易協定は、アメリカはアメリカ主導で作りたいんです。

植山　トランプさんは、その点には言及していませんね。

春名　そこが問題で、中国はいま中国主導でＲＣＥＰ（東アジア地域包括的経済連携）構想を進めており、ＴＰＰ協定が締結されない場合、マレーシアやベトナムはそっちに行くでしょう。その状況は、結局、アメリカの国益に反します。

植山　ＴＰＰは単なる貿易協定でなく、安全保障の機能がある。

春名　そうなんです。地政学的な戦略です。だから、日本の安倍首相も締結を望んでいるんです。

植山　「アメリカ第一主義」を標榜するトランプさんとしては、本来はアメリカ主導の貿易ルールを構築すべきだった。

春名　そうです。トランプさんの政権をひと言で言えば〝ナショナリズムの政権〟です。新しい時代のナショナリズムの政権ですが、そうである以上は地政学的な戦略に方向転換する可能性は十分にあります。アジア・太平洋地域で国益を守れなくなれば、ＴＰＰの名前を変えて締結することを再考するかもしれません。

植山　トランプさんは中国の製造品にはすべて45％の高い関税を課すと息巻いていました。中国貿易で強硬な政策を打ち出すでしょうか？

春名　何かしら考えるとは思いますが。先日ビデオメッセージで発表したＤＡＹ１（１月20日の就任初日に実行する）の政策に、その件は入っていませんでしたね。簡単ではないんです。というのは、中国から輸入される製品にはアメリカブランド物が多いからです。iPhoneがその代表ですが、高い関税は自国企業の不利になります。

植山　トランプさんとしては、こぶしを挙げてはみたが、といったところでしょうか。頭の痛い問題ですね（苦笑）。それと、中国の習近平さんはトランプさんに早く会いたがってるんでしょうか？

春名　習近平とロシアのプーチンの出方は注目ですね。トランプさんにとっても、世界中で最も警戒するふたりでしょうから。でも、３者とも軽々には動かないと思います。習近平が国家主席に就任したのは２０１３年の３月。オバマ大統領との初の米中首脳会談はその年の６月。オバマがカリフォルニア州南部にある保養施設のサニーランズに招待し、２日間で８時間の会談をしました。トランプさんとも、それなりの設定が用意されなければ会談はないでしょう。

植山　なるほどね。主導権争いとか、大国のメンツとか。もちろん、トランプさんの政策を見極めてから、という合理的な判断もあるのでしょう。対して安倍首相が早々にトランプさんを訪問した件はどうですか？

春名　安倍さんには焦りがあったんじゃないですか。国会でＴＰＰ法案の成立に奔走しているときに、肝心のアメリカでＴＰＰ反対の大統領が誕生したわけですから。安倍さんとしては、すぐにトランプさんの本音を聞き、できれば翻意を促したかったんでしょう。ところが、ニューヨークからペルー（APEC首脳会議）に飛び、そしてアルゼンチンに渡ったところで記者団に「アメリカ抜きのTPPでは意味がない」と発言したら、直後にトランプさんが離脱表明。

植山　そうでしたね（笑）。

春名　しかも、DAY1で真っ先に着手するというんですから、安倍さんにしてみれば、あまりにあまりでしょう。アメリカ国民の半分、いや半分以上が「信頼できない」という人に会って、わざわざ「信頼できる指導者と確信した」と評した相手ですからね。しかし、トランプさんにしてみれば、安倍さんの気持ちなんて関係ないでしょう。超大国の指導者ですから。

植山　〝一顧だにされない〟といったところなんですかね。それにしても、安倍さんがたった1回の対談のあと、なんで「信頼できる指導者」とまで評したかといいますと、これも私の勝手な推測ですが、両者の間で取引があったんじゃないかと思ってるんです。トランプさんからは「世界の指導者のなかで、最初にあなたと会ってあげるよ。しかも自宅に招いてあげよう。そのかわり、記者には私への賛辞を語ってくれ」といったような。

春名　なるほど（笑）。考えられますね。

植山　もともと彼は「交渉の達人」と呼ばれる、やり手のビジネスマンですから。それくらいのことはあってもおかしくないでしょう。ところで、トランプさんの経済政策ですが、法人税の大幅引き下げと所得税の減税、その一方で公共投資を大胆に行うと宣言してます。これですと、アメリカの財政が心配になりますが。

春名　いやぁ、それなんですよ（苦笑）。財政赤字は20兆ドルに届きそうですが、オバマ大統領はこの問題にあまり手を付けてこなかった。オバマさんには、リーマンショックから大恐慌を引き起こさず、リセッション＝景気後退程度にとどめた功績があります。でも、その一方で財政赤字という大きなお荷物を作った。このことは大きな問題です。おかげでトランプさんの政策には一定の制約がかかります。彼がまず執る政策は、経済成長率の引き上げだと思います。そのためには、レーガノミクス（１９８０年代にロナルド・レーガン大統領が行った自由主義経済政策）に近い政策を選ぶのではないでしょうか。減税と規制緩和で、サプライサイドを活気づける。ちょうど今月（２０１６年12月）にも、ＦＲＢ（連邦準備制度理事会＝アメリカ中央銀行）は金利を引き上げます。そうなると、ドルのアメリカへの還流が始まり、景気は相当上向くでしょう。株価も上がります。

植山　ダウはこのところ、連日のように史上最高値を更新してますね。

春名　ＯＰＥＣ（石油輸出国機構）が原油の減産に合意。油価の上昇はあるでしょうけど、現状の世界経済からみて急激な値上がりはなく、インフレの心配も少ないと思います。

植山　その一方でアメリカはシェールオイル、シェールガスの輸出国です。ですから、油価の高騰はアメリカのメリットという側面があります。トランプさんにとっては経済のかじ取りが大変ですね。

春名　そうだと思います。

植山　アメリカが金利を上げ、ドルが強くなり、景気も上向く。そうなれば、日本は円安で輸出企業の業績がよくなり、株価の2万円乗せが見えてくる。また、アメリカの金利引き上げに合わせて、日銀もマイナス金利からの脱却ができるかもしれませんね。

春名　それこそ、安倍さんが期待するシナリオでしょう。

Dialogue

チャイナ・コネクション

植山　気になるのは、減税でサプライサイドを焚きつけるには、国債の発行は不可欠ですね。ところが、アメリカ国債の一番の引き受け手は中国。次が日本です。トランプさんの対中国戦略の足かせというか。国債の増発は、中国に弱みを握られることにはなりませんか？

春名　対中国外交はかなり苦労すると思いますよ。実は、トランプさんが経営する不動産会社＝トランプ・オーガニゼーションも額は発表されていませんが、ドイツ銀行とともに中国銀行からも融資を受けています。ですから、中国側は我々の知らないところで、つまり裏からトランプ政権の情報を握る可能性があります。また、トランプさんが運輸長官にエレーン・チャオさんを起用するという報道がありました。彼女は台湾からアメリカに移住し、ハーバード大学でＭＢＡを取得。ブッシュのお父さんの大統領時代（１９８９年～１９９３年）に運輸副長官。息子ブッシュの時代（２００１年～２００９年）に労働長官を務めた人物です。そして、彼女の夫はミッチ・マコーネル、現在の共和党の上院院内総務。

植山　へーっ、上院の共和党のリーダーですね。

春名　ミッチ・マコーネルは彼女と結婚する前は反・中国でした。ところが、結婚後（93年）、母校のルイビル大学（ケンタッキー州）にチャイナセンターを創設するなど、現在は中国と友好的な立場にあります。

植山　チャイナ・コネクションですね。

春名　まだあります。エレーン・チャオの父親は、確かジェームズ・チャオと記憶しますが、彼は中国の名門大学、上海交通大学の出身で、同級生に江沢民（元中国国家主席）がいるんです。エレーンは〝パパ〟ブッシュ大統領がクリントンに敗れたあと、下野。そして、務めた先がアメリカの有力シンクタンクの「ヘリテージ財団」でした。シンクタンクの活動資金は主に民間からの寄付によって支えられています。それまでヘリテージ財団は主に韓国と台湾の寄付に頼っていたのですが、彼女がスタッフに加わったあと、おそらくは彼女と江沢民のコネクションなのでしょう。中国本土から資金が入るようになったんです。

植山　そういう人がトランプ政権の重要閣僚になるんですか。興味深いというか、驚きですね。

春名　私も彼女の名前が出てきた時には驚きました。やや余談になりますが、私は今年の春の段階でＴＰＰは締結できないと予想していました。なぜかといいますと、ミッチ・マコーネルが「大統領選挙が終わるまでは上院で審議するつもりはない」と発言したからです。となれば、大統領選後、オバマ政権に残された時間はたった2か月。ＴＰＰ協定の中身はとても複雑で、当時から疑問点がいっぱいありました。ですから、その審議時間では議会の承認はとても無理。だから、アメリカの参加は見送られると思っていたんです。

植山　そのミッチ・マコーネルの発言の裏にチャイナ？

春名　ええ。そういう推測ができます。中国はＴＰＰの発効を嫌がっていましたから。アメリカにおいても、中国の影響力、コネクションの力は計り知れないものがあります。

植山　ＴＰＰは発効しない。一方で、中国はＲＣＥＰ構想を進めつつある。アメリカの国益を考えると、この中国経済圏の広がりはブロックしたい。だったら、ＴＰＰに変わるアメリカ主導の貿易ルールを構築する必要がある。しかし、自身の会社にも政権にもチャイナ・コネクションが伸びている。トランプさんは、どうしたらいいいんですか(笑)。

ロシアン・コネクション

植山　ロシア、プーチンさんとの関係はどうですか？　互いに認め合っているような発言をしていますが。

春名　敵対せず、上手くやってほしいと思いますし、できそうな気がしています。というのも、先月、国家安全保障問題担当の補佐官にマイケル・フリン氏を指名するという報道がありました。国家安全保障会議（ＮＳＣ）の事実上の司令官です。

植山　フリンさんは、イスラム教に対して強硬な発言を繰り返し、物議を醸した人ですね。

春名　そうです。彼はオバマ政権で国防情報局長を務めていたんですが、事実上の馘首(クビ)になりました。その後、ロシアのテレビ局に招かれて、確か開局何十周年かのパーティ(夕食会)だったと思います。その時の映像で、彼はプーチンの隣の席に座ってました。

植山　プーチンの隣に！　今度はロシアン・コネクションですか（笑）。

春名　そうなんですよ。ですから、ロシアとの関係は良くなると思います。ただ、ミット・ロムニーはロシア警戒派なので、ロムニーが政権のどのポジションに就くかで少しは変わりますけど。

植山　ロシアとの関係で注目すべきポイントはどこですか？

春名　クリミア問題ですね。ロシアはクリミアを併合したことで、アメリカをはじめヨーロッパ、日本などから経済制裁を受けています。

植山　経済制裁と原油安で、ロシア経済はガタガタですからね。

春名　そこでロシアがクリミア併合を止め、以前の租借の状態に戻せば、アメリカは制裁を解くと思います。ただしその場合は、ロシア側からは「西側諸国はウクライナから手を引いて中立の立場を執る」といった条件が出されると思います。実は、トランプさんは最近、ヘンリー・キッシンジャー（1970年代、ニクソン～フォード大統領時代の国務長官。米中国交正常化の立役者）さんと会っています。キッシンジャーさんは、ウクライナは東（ロシア）と西の間の架け橋で、どちらが治めても良くない。中立の国であるべきだと、以前から主張していました。そのキッシンジャーさんと会っているということは、その方向でロシアとの関係改善を探ろうというのかも知れません。

植山　キッシンジャーさんですか、随分と懐かしい名前ですね。彼はユダヤ人ですね。

春名　そうです。ユダヤ人で、チャイナ・コネクションの最有力人物です（※キッシンジャー氏は12月2日、北京を訪問し、習近平国家主席と会談した）。

植山　ユダヤ人脈といえば、イヴァンカさんの夫のジャレッド・クシュナーさんがいます。ユダヤ人実業家ですね。

春名　ええ、イヴァンカさんも結婚前にユダヤ教に改宗しています。クシュナーさんは、今後もトランプ大統領を支える立場に就くでしょうね。そして、彼はイスラエルのネタニヤフ首相とも仲がいいんです。

植山　そうでしたか。彼ら夫妻は政権に入るんですか。

春名　アメリカには反ネポティズム法（反・親族優遇の側近政治法）という法律があります。ジョン・F・ケネディ大統領（１９６１年～１９６３年）が弟のロバート・ケネディを司法長官に任命したのですが、その評判がとても悪かった。そこで、親族の公職の採用を禁止するために生まれた法律です。ただ、これには抜け道がありまして、無給であれば親族を登用できるようなんです。クシュナー氏は無給でも政権にかかわりたい意向のようです。ホワイトハウスの首席補佐官並みのポジションに就くのではないでしょうか。

植山　それは、正直どうなんでしょうね。

春名　私もちょっと不安です。ただでさえ、ホワイトハウスのなかは権力争いが起きやすい場所です。そこに親族が加わるので、権謀術数が渦巻く可能性がありますね。

植山　既にクシュナーさんには、トランプさんの選挙活動を支えてきた、トランプさんの盟友クリス・クリスティー(元ニュージャージー州知事)を政権移行チームのトップから更迭させたという話があります。原因が、父親の敵討ちという。

春名　真偽は不明ですが、そういう話ですね。ジャレッド・クシュナーの父親チャールズ・クシュナーもニュージャージー州の不動産ディベロッパーで、民主党の強力な支援者だったようです。ところが、当時の法律の上限を超える献金をするために、勝手に他人の名義を使用した罪で逮捕。その時の担当検事がクリスティーだった。そんな恨みがあって、大統領選挙が終わったところで、息子のジャレッドが政権から追いやったと言われています。

植山　父親は実刑で、刑務所に入れられたそうですね。

春名　ええ。フロリダの刑務所に収監されました。でも、その時ジャレッドは毎週刑務所に父親を訪問、面会したそうです。彼の父親への愛情はもの凄い、という話になっています。

植山　それにしても、トランプさんの周囲はとてもデリケートですね。政権中枢にチャイナ・コネクションとロシアン・コネクション、政権運営で頼りにするだろう娘夫婦はユダヤ・コネクション。

春名　そうですね（苦笑）。

植山　ロシアといえば、シリア問題はどうするつもりなんでしょう?　ロシアは、シリアのアサド政権を支援。アメリカは、反アサド軍をバックアップしてます。

春名　トランプさんはロシアと協力したいと言っています。それ自体、難しい国際情勢なんですが、難題は議会の賛成が得られるか、ということです。共和党のジョン・マケイン（上院軍事委員会委員長）さんなどは、強硬なロシア強警戒派で、トランプさんの親ロシアの動きは徹底的に検証し、何かあれば追及すると言っています。

植山　ロシアとの妥協策を構築する前に、国内をまとめるほうが難しい。国内製造業の立て直しを訴え、見事に大統領になってはみたが、いざ政権運営となると、特に外交では複雑に絡み合った問題でいばらの道ですね。

春名　まったくおっしゃる通りです。

植山　プーチンさんとの首脳会議はいつごろになるでしょうね。

春名　トランプさんが外交政策、国防政策を詰めてからということになるので、1対1の会談はしばらく先になると思います。最初は17年7月のG20、そして秋のＡＰＥＣでしょう。双方とも、あまり焦らないほうがいいと構えているように思います。

植山　彼の交渉術には注目してます。

春名　トランプさんの政権運営は、就任年齢やワシントン政治の素人、課題の多さなどから、近年ではロナルド・レーガン大統領（１９８１年～１９８９年）の立場に似ています。レーガンさんは、現在のアメリカ繁栄の基礎を築いたと評されていますが、彼は人事で成功した人です。大統領一期目の首席補佐官に、ジェームズ・ベーカーさんを任命しました。もともとベーカーさんは、レーガンさんが大統領選に出馬し、共和党の予備選挙で戦ったふたりの相手、76年はフォードさん、80年の予備選挙はブッシュさん。そのふたりのライバル陣営の中心的な人物でした。レーガンさんはもともと敵陣営のベーカーさんを、その能力を見込んで重用したのであり、その人事の力で政権を運営していったわけです。ベーカーさんは、その後、レーガンさんの二期目で財務長官。続くブッシュ政権では国務長官を務めた、大変有能な人物です。

植山　トランプさんもワシントンの政治とは無縁の人ですから、人事が大きな問題になるでしょうね。

日本への圧力は

植山　最後に、日本に対する安全保障政策についてお聞きします。資料によれば、

2016年度のアメリカは在日米軍のために55億ドル、約6000億円の予算を計上しています。また、日本からは1900億円程度の、いわゆる思いやり予算が支払われています。アメリカは自国の財政悪化を理由に、在日米軍予算を削減。その分の負担を日本側に要求してくるようなことはないでしょうか?

春名　防衛省のホームページを見ますと、今年度は「在日米軍の駐留に関連する経費」として3772億円が計上されています。うち、「在日米軍駐留経費負担」、いわゆる「思いやり予算」ですね。これが、1920億円です。「思いやり予算」とは、本来日本が負担しなくていいはずの、米軍基地職員の労務費や基地内の水道・光熱費などです。これに対しては、アメリカ側は交渉の余地があると考え、臨んでくる可能性はあるでしょうね。また、防衛省のホームページでは、他に「防衛省関係予算以外」として、「他省庁分(基地交付金等)」とか「提供普通財産借上資産」といった項目が挙がっています。これが財務省などの官僚の巧みなところで、米軍の要求に、防衛省予算とは別の会計で応えているということ。ですから、今後も合理的な増額要求であれば、日本側はお金のいろんな出し方を考え、対応するんじゃないですか。

植山　なるほど。トランプさんは選挙運動のなかで、米軍撤退まで口にしましたが、あれは国民向けのポーズというか、ブラフでしょうか。

春名　そうでしょうね。結局、アメリカが超大国でいられ、世界を相手に貿易や投資など経済活動ができるのも、軍事力の後ろ盾、つまり世界各国に米軍を駐留させているからです。駐留経費が財政に負担だからといって、基地の縮小や撤退をすれば、その分、アメリカの国際的な地位は低下します。先日、フィリピンのドゥテルテ大統領が中国を訪問し、巨額の経済援助を取り付けました。あれもフィリピンがアメリカの同盟国で、米軍の後ろ盾があるから引き出せたことです。フィリピンに米軍の影が見えなければ、中国は相手にしないでしょう。

植山　軍事力があっての経済活動なんですね。そして、トランプさんが貿易や経済の問題で、日本や中国に向かって吠えられるのも、地域に米軍が駐留し、活動を展開してるから。

春名　そうです。そのことをトランプさんが認識しないと困ったことになりますが、早い時期に理解されると思います。

植山　日本としても米軍が撤退しないまでも、その存在感が薄くなれば、中国やロシアは東アジアにおける軍事・経済活動を活発化させるでしょうし、北朝鮮に対する抑止力が弱まります。

春名 そうなんですよ。北朝鮮に関しては、結局、オバマ政権は積極的な交渉をしませんでした。アメリカが直接北朝鮮にアプローチすれば、中国は焦ります。中国にとって北朝鮮は〝属国〟みたいなもの。生殺与奪の権利を完全に握っています。そこへアメリカが直接、核廃棄等の交渉に乗り込んで来たら、中国は不安になり、対抗上、何らかの手を打たざるを得ません。直接手を伸ばせないなら、ロシアと協力して交渉する手もあります。それでも中国は動くでしょう。そこから何か現状打開のチャンスが生まれるかもしれません。その点が、オバマさん、その前のブッシュさんと比べても、ちょっと物足りなかったですね。

植山 トランプさんには期待しましょう。ところで、日本に対する安全保障や貿易・経済で、トランプさんの命を受けて乗り込んでくる相手に、日本の政治家・官僚は上手く対応できますかね。

春名 人事を見るまではなんとも言えませんが、日本側は焦らないこと。とりあえず、安倍さんはトランプさんに嫌われてはいないようなので、冷静に時間をかけた話し合いはできると思います。焦らないことです。

植山　そうですね。選挙中のトランプさんの過激な言動に惑わされ、過敏に反応してはいけませんね。彼一流のパフォーマンス、パーソナル・ブランディングもありますから。

第3章

chapter 3

予言

Predictions

2017年、日米関係はどうなるか？

前述の『交渉の達人トランプ（若きアメリカ不動産王の構想と決断）』（ダイヤモンド社刊）に彼の辣腕ぶり、ビジネス交渉術の巧みさを示す逸話があるので、ちょっと長くなるが引用しよう。

大手鉄道会社でありコングロマリットであるペン・セントラルは、窮境にあった。過去数年間、赤字経営を続けた末、ついに財産管理を受けるまでになっていた。この時期、国自体も景気後退に苦しんでおり、ニューヨークもほかの都市と同様に、深刻な沈滞ムードにおちいっていた。ニューヨーク市が公債を反故にするのではないか、という噂さえたった。考えられないほどの危機感である。財務省の債権に次いで安全な投資だとされている市の公債が、突然ただの紙きれになってしまうかもしれないというのだ。ドナルドは血のにおいをかぎつけた――波乱に乗じる絶好のチャンスだ――彼はただちにとりかかった。

１９７４年7月29日、ドナルドは、系列会社のトランプ・エンタープライズ社が、ハドソン川に面したペン・セントラル社所有の広大な2区画の土地を６３００万ドルで買い取る選択権を確保した、と発表した。（中略）

長年マンハッタンで活躍してきたベテラン不動産業者たちも、この発表には度肝をぬかれた。13ブロックと7ブロックにわたる二つの広大なウェスト・サイドの区画を、ドナルドは不況期の相場でそっくり買い取ろうというのだ。これが好景気のときなら、この土地は数倍の価格で取引されてしかるべきものだった。いうまでもなく、この年にニューヨークの経済が回復すると読んだ人間はほとんどいなかったのである。ところがトランプはこれに賭けたのであった。大物業者たちは状勢をうかがっていた。(中略) 経済の風向きを見定めるまでは誰ひとりとしてうかつに動こうとはしなかった。もしアメリカ全体が長い不況のトンネルに入りこんでしまえば、不動産の値段はますます下落するばかりではないか、そんな状況でマンハッタンのウェスト・サイドの土地をかかえこめばどういうことになるのか、にもかかわらずあの若造(著者注:トランプ氏のことを指す)は大区画を二つも買い取ろうとしている、一体どういうつもりだ、というのが彼らの本音だった。なるほど手堅い、きわめて常識的な考えであるが、ドナルドには願ってもないことだった。そのおかげで、彼は道をひらくことができたのである。

時を移さずドナルドは、リンカーン・センターの西に隣接する第一の区画に、アッパー・ミドルを対象にした高級アパートメントを2万戸建てるというプランを発表した。賃貸料は一室につき115ドルから125ドル。当時としては妥当な額といえた。第二の区画にもやはり、同じ賃貸料のアパートメントを2万戸ほど建てたい、と発表した。クィーンズから乗り込んできた28歳のこの若造が、トランプ社の資産を、2万4000戸から一挙に倍以上の5万戸に増やしてみせるという。少なくともベテラン開発業者の常識からすれば、まだくちばしの黄色い小僧っ子が、一大帝国を築いてみせると豪語したわけである。

もちろん、この構想を実現させるのは、口で言うほど簡単なことではなかった。第一に、このプランに対する許可をフィラデルフィアの連邦地方裁判所から受けなければならなかった。倒産したペン・セントラル社への第11条適用をこの裁判所が行っていたからである。つぎに、着工にかかる前に、建築法による指定地の変更を市に認めてもらわねばならない。いくら賃貸料が高いといっても、建築費の高騰で利益はほとんど失われるはずであり、ある程度公の援助を仰がなければ採算はとれない、というのがドナルドの言い分だった。彼は低金利の長期ローン(中略)を望んでいた。また、これだけの事業をやるからには、相当の減税措置も確保したかった。ドナルドにしてみれば当然だった。悲観的な先輩たちとは違い、彼は自分からマンハッタンの将来に賭けようというのである。市の活性化に貢献しようというのである。そんな彼に州と市が協力するのは、あたりまえではないか。ドナルドが言うには、（当時のニューヨーク市長）エイブ・ビーム市長も意見を求められて、「ペン・セントラルが所有地を手放し、開発が行われることになって、私も喜んでいるよ」と答えたそうである。

だが、ビーム市長本人の言は、これより消極的で、この件については「財政監査委員会の調査が終了するまでは」コメントできない、と答弁した。確かに公的な発言としては、こう言うよりほかなかったであろう。

つまり、ここでトランプ氏は経済が低迷する当時のマンハッタンに乗り込み、広大な土地を格安な値段で買収。そればかりか、あたかもニューヨーク市長にも支援されているかのような発言をしながら、事業に有利な公的融資や法的障害の早期解決を働きかけたのである。

話を続けよう。

ペン・セントラル社の広大な敷地をトランプ・エンタープライズ社に売り渡した際、責任者として交渉にあたったビクター・パルミエリは、売却を決定した理由を経済誌『バロンズ』の中で次のように述べている。

「あの資産は、とてつもない危険性と可能性をはらむ、ブラックホールのようなものだった。われわれは興味をしめすいろんな人とあったが、だれひとりとしてあの場所を使いこなすほどの情熱と金力と想像力をもつ人物はいなかった。そこへ、あのトランプという青年があらわれたのである。まるで19世紀に逆もどりしたようなタイプの事業家だった。とにかく、型破り、といった印象だった」

（中略）

１９７５年３月、連邦地方裁判所のジョン・Ｐ・フルマン判事は、ペン・セントラル社の土地を、６２００万ドルでトランプ・エンタープライズ社に売却する、という取り引きを公式に認めた。売買契約書によれば、ペン・セントラル社は、ウェスト・サイドに広がるこの広大な区画をトランプがいかなる目的で利用しようとも、その利益の25パーセントを保持できることになっていた。トランプ・エンタープライズの社長であるドナルドは時をおかず、この取り引きは破産したコングロマリットにとって「最高の条件」のはずだ、と発表した。「ペン・セントラル社はこれで3億ドルもの収益を得ることになるでしょう」

この発表の中でさらにドナルドは、広大な2区画のアパートを建設し終えるには、10年の歳月と10億ドルの建設費がかかるが、私としては18か月から24か月のうちに着工にとりかかりたい、そのためには一日も早く建設規制指定地の変更を認めてもらい、都市計画委員会から妥当な条件で融資を確保したい、と述べた。驚くのはまだ早い。

この取り引きの中身の本当の凄さがまもなく明らかになると、ニューヨークの大不動産業者たちでさえ、まだ29歳にもならないこのドナルド・トランプという若者が、当代随一の、いや史上まれとさえいえるほどの交渉の達人であるらしい、とたちまち認めてしまった。一見しただけでも、マンハッタンの巨大な2区画を6200万ドルという破格の値段で入手した彼の力量は相当なものであった。だが、実際には、ペン・セントラル社は当分のあいだ現金を1ドルも受け取れなかった。6200万ドルは、整地が終わり、開発が始まったあとで、数年間にわたたって支払われることになっていた。もし将来ペン・セントラル社がトランプ・エンタープライズ社の株主になれば、ここに建てたビルから挙がる収益の25パーセントを得ることができるが、しかしトランプの計算では、そうなるのは少なくとも10年先のことだった。結果的にドナルド・ジョン・トランプは、自分のポケットからは一銭も出さずに、マンハッタンの二つの大区画を買収する権利を手に入れたことになる。将来の収益の約束と一回の握手だけで、この莫大な資産が彼のものになったのだ。

建設費は公的融資。ペン・セントラル社に支払う土地代の６２００万ドルは開発が始まったあと。また、完成後には利益の25パーセントを同社に支払う約束になっているが、これも始まるのは10年も先のことであるうえ、同社がトランプ・エンタープライズ社の株主になるという条件付きだった。しかし、トランプ氏はそうした契約内容には一切触れず、先に一方的に「ペン・セントラル社には最高の条件のはずだ」と発表していた。

トランプ氏は40年も前、20代からこのような巧みな交渉術と宣伝・ＰＲ術を身に着けていた。

そもそもトランプ氏はビジネス交渉が大好きで、交渉に勝つことが大好きなのだろう。そう、まるでチェスの勝負をするかのように。

旅慣れた日本人なら、中東やアジアで買い物をするとき、売り手は最初に目論む売値の何倍もの値段をふっかけてくることを知っている。最初からその覚悟があるから〝郷に入っては郷に従え〟で、こちらも慌てず、時間をかけて値段交渉をする。相手が欧米人でも同じと思ったほうがいい。私も国際ビジネスの現場で、何度も価格交渉をした経験があるが、国際間取引では、交渉がすんなりと成立するほうが珍しい。相手は法外な価格を提示し、ブラフ(はったり)をかけてくる。交渉の場では大声の口論は当たり前。一度や二度の決裂を恐れては、決着はおぼつかない。譲歩はお互いにするもので、一方的な譲歩はあり得ない。

日本人にはこうした交渉が苦手な人が多い。

しかし、欧米のビジネスマンは長時間のタフな交渉は平気だ。そして、交渉がまとまったときには、さっきまであれほど激しく言い争っていたにもかかわらず「今回はいい契約ができた。ありがとう」と笑顔で肩を抱き合う。それが国際的な

Predictions for the U.S./ Japan relationship in 2017

ビジネス交渉の現場だ。

アメリカは、今度その「交渉の達人」が大統領になる。これまでのような上品な政治家が相手ではない。日本の政府関係者は、トランプ氏は海千山千のビジネスマンであることを再度肝に銘じる必要がある。

交渉の最初、彼は必ずふっかけてくるだろう。

「駐日米軍の思いやり予算を倍増しろ！」

「米国産牛肉への関税を下げなければ、日本製自動車にも同等の関税を掛けるぞ！」といった具合だ。

しかしそれは、ブラフ、彼一流の〝脅し〟かもしれない。すべて真に受けることはない。彼自身、その後の交渉を経て、いいところで折り合えばいいと考えているだろう。

法外な要求があれば、すかさず、

「Donald, you must be joking!」

（ドナルド、冗談だろ？）

「Let's have Sushi and discuss.」

（まぁ、寿司をたべながら相談しようよ）

と言い返すくらいの余裕とユーモアのセンスが欲しい。そうすれば、トランプ氏も「面白い奴だ。交渉相手として不足はない」とリスペクトしてくれるはずだ。

それではトランプ政権の今後の出方を分野別に予想してみよう。

{第3章}

予言

01

chapter 3
Verification 01

安全保障（思いやり予算増額要求、米軍引き上げ、自国防衛、核武装）

Securities

この数か月の北朝鮮の核実験やミサイル発射などの挑発行為を考えると、東アジアの安全保障はアメリカにとっても重要である。とりわけ、北朝鮮のミサイルの航続距離がアメリカ大陸に届くと推測され、また韓国の政情不安を考慮すると、日本に米軍基地を置いておくことは、日本の安全保障のみならず、アメリカのグローバル安全保障戦略でも重要な部分として無視できないことであろう。

だが、このことをトランプ氏が理解するかどうか、が問題だ。

「もはやアメリカには世界の警察として何億ドルものカネと人命を費やす余裕はない。それより、アメリカ国内の貧困や失業をなくすのが先決だ！」と選挙キャンペーン中、彼は繰り返し吠えていた。

しかし、大統領就任後は国家安全保障会議で、トランプ氏に国防長官や国務長官が、日本における米軍基地の必要性を説明し、説得しようとするだろう。

「トランプ大統領、日本の米軍基地には米軍関係者が約9万6800人いて、日本人5500人が事務員、消防士、医師などとして働いています。これらの人件費と、基地の使用コスト、近隣の騒音対策費用などで、アメリカは55億ドル、日本側は約70億ドルの合計125億ドル(約1兆3750億円)かかっています。日本側の負担のほうが大きいのです。アメリカの軍事費総額は2017年会計年度で、5830億ドル(約66兆円)なので、在日米軍の費用は1パーセントにも満たない数字です。大統領がガミガミ言うほどのことではないのです」

「それに、日本はアメリカの国債を約1000億ドル(約1兆1000億円)も買ってくれて、それを我が政府は軍事費にも使っているわけです。だから、日本をそんなに追い込むことはないいんじゃないですか?」

「日本は国会で集団的自衛権を可決したので、日本の自衛隊もアメリカ軍の援護ができるようになっているのですよ」といった具合だ。

しかし、それでもトランプ氏はすんなりとは納得しないだろう。

「冗談じゃない。55億ドルでも多すぎる。125億ドル、すべて日本に払わせろ！　第一、日本の軍事費の対ＧＤＰ比はまだ１パーセント程度じゃないか。どの国もその倍、アメリカは３パーセントも使っているんだ。決して法外な提案じゃないだろ。強気で交渉しろ！」といった態度に出ないとは限らない。何といっても、トランプ氏にとって「交渉」こそ自分の得意な仕事であり、それに時間とエネルギーを費やすことは苦でもなんでもない。反対に、相手が二つ返事で了承するような提案はするはずがないのだ。

日米安保については、１９２０億円の「思いやり予算」を４０００億円程度まで〝吹っかけて〟くることくらいは、日本政府は覚悟しておくべきだ。

極端な話、「我々の要求が受け入れられないというなら、在日米軍はすべて引き上げる。日本は日本の軍隊で自国を守ってくれ」と脅しをかけてくるかも知れない。

しかし、日本がそこでうろたえては駄目だ。トランプ氏に「ほら見ろ」と〝足元を見られる〟ことになる。逆に、「待ってました」とばかりの態度で、政府だけでなく国民を巻き込んで国防について冷静に議論すればいい。

現在から将来にわたる国際環境のなかで自国の軍備だけで国土、国民の生命・

財産を守るには、どのような組織・施設・兵器等が必要で、それにはどれくらいの軍事費がかかるのか。真剣にシミュレーションし、新しい国防を検討すればいい。戦後初めて、日本人が日本人による日本の国防を考える絶好の機会ではないか。

あわせて日本は日本独自の外交を活発化させることだ。アメリカ軍に頼らない以上、中国・北朝鮮・ロシアとの敵対関係をそのままにしていいわけはない。日本の安全保障のため、緊張関係にある国とも硬軟とりまぜながら交渉できる関係であることが大事だ。

「トランプ政権による日本の安全保障」

☆最良のシナリオ

・思いやり予算などの負担増なし。

・米軍はそのまま駐留継続。他も現状通り。

※結果がこうなるとしても、アメリカ側からの圧力、そしてタフな交渉は避けられないだろう。

★最悪のシナリオ

・防衛費（防衛費ＧＮＰ１％を５％に引き上げることを要求。思いやり予算を１９２０億円から４０００億円に増額要求。日本が拒否）。

・米軍引き揚げ。

・日本は自国で安全保障をすべてやることになる。

・核武装の是非を国民的レベルで検証。混乱。収拾不可能な事態。しかし日本が国家として、大人になるための絶好のチャンス。

・中国、ロシア、北朝鮮にとって、彼らの勢力範囲を拡大する大きなチャンス。日本の外交力の強化が求められる。

{第3章}

予言

02

chapter 3
Verification 02

TPPと貿易不均衡問題

The TPP and the Trade Issues

トランプ氏が既に宣言したとおり、アメリカはTPPから撤退するだろう。しかし、彼が日米間の貿易不均衡によってアメリカから膨大な富と仕事が流出している、というスタンスに立つ以上、FTAの締結など2国間協議で圧力をかけてくることは間違いない。

特に牛肉の輸入関税の引き下げはすぐに要求してくるだろう。

かつてアメリカの農産品には「安いが不味い」というイメージがあった。しかし、最近は多くの製品でクオリティがアップ。牛肉にしても、コメにしても、以前にくらべて格段に美味しくなった。それが安い値段で輸入されることは、日本の消費者にとってはうれしいことだ。

交渉上手なトランプ氏であれば、日米協議が思うように進まないとみれば、それなりの予算を使って直接日本の消費者に訴えるかもしれない。つまりは、テレビコマーシャルで、アメリカ産農品の品質の良さとそれに課せられる関税の大きさをアピール。日本において、アメリカに有利な世論を喚起しようとするのだ。

こうした戦略はまさにトランプ氏が得意とするブランディング、アメリカの農産品の良さをアピールする「ナショナル・ブランディング」である。前述の娘夫妻＝イヴァンカとジャレッドのチームをもってすれば、ＳＮＳなどを駆使して素晴らしく効果の上がるブランディングができるだろう。

それに対する日本の対抗戦略は？

果たして「日本の農業を守るため」という論理だけで対抗できるだろうか。

日本政府は国内農家の反対を完全に無視する形でＴＰＰ法案を可決したばかりだが、今後はトランプ政権を相手に、再度タフな交渉を覚悟しなければならない。


「トランプ政権による日米貿易不均衡問題」

☆最良のシナリオ

・アメリカが一部条件を変更させてＴＰＰに加盟することに合意。

（しかし、ＴＰＰ賛成派だった商務長官候補者ウィルバー・ロス氏が今は慎重になっている。日本政府にとってはマイナスだ）

★最悪のシナリオ。

・アメリカがＴＰＰに加盟せず、２国間協議が始まる。

・牛肉輸入関税38・5％を10％前後に下げることを要求してくる。

・カリフォルニア産コメ、豚肉、オレンジ、サクランボなどの輸入増加を要求。

・右記に日本が合意できない場合、アメリカは報復関税を日本製自動車、家電製品などに課すことになるだろう。

{第3章}

予言

03

chapter 3
Verification 03

アメリカの経済

The U.S. Economy

いまアメリカ経済は好調が伝えられる。FRBが年内に金利を上げることは確実だ。最近の堅調ぶりからすると、来年以降も金利は徐々に上がるだろう。そして、それによって景気が停滞することはなく、穏やかな景気拡大がしばらく続くように思う。

そうなれば日米の金利差はますます広がるので、円安傾向は続く。国内の輸出企業にとっては追い風だから、来年以降、国内景気は上向くかもしれない。

一方、トランプ氏が選挙キャンペーン中に掲げた公約が実行されれば、大きな不安要因になる。彼はまず、法人税を現行(実効税率)の40・75%から15%へ引き下げることを政策に掲げている。アメリカの大企業が法人税の安い、あるいは法人税なしの国や地域に本社を移転する例が増えているためだ。アイルランドは法人税を12・5%にしたことで、アップルやグーグル、ファイザーといったアメリカの大企業の拠点になっている。

トランプ氏が、彼の宣言した「Make America great again!」(偉大なアメリカを取り戻そう!)を実現するには優良な企業をアメリカにとどめ、あるいは呼び戻し、地方にも仕事を増やさなければならない。イギリスは2020年までに法人税を20%から、シンガポールと同じ17%へ引き下げることが決まっている。ところが、メイ首相は先日、講演会のなかで「法人税をG20で最低水準にする」と発言、さらなる引き下げの可能性を示唆した。トランプ氏が唱えた15%という税率は、おそらくイギリスに対抗しての数字なのだろう。

こうして欧米の先進各国の法人税引き下げ競争が始まるなか、トランプ氏は所得税の大幅引き下げと巨額の公共投資の実施も約束している。そのために、アメリカでは不動産や建設関係の銘柄の多くの株が上昇した。

しかし、こうした公約が実施されれば、当然、財政は悪化する。その後のバランスをどう取るのか。トランプ氏の手腕が試されることになるが、彼は「機を見るに敏」な優秀なビジネスマンだ。また、政策の多少の変更は、議会やメディアに叩かれようとも平気で断行できる。

経済政策は、案外上手くやるように思う。

「トランプ政権によるアメリカ経済」

☆最良のシナリオ

・旺盛な公共投資、規制緩和、減税、消費を背景に強い経済成長。

・史上最高値の株価更新(トランプ・ラリー)と積極的な投資が継続。

・年率2%内外の理想的なインフレが持続する。

★最悪のシナリオ。

・法人税を15%に下げ、所得税も大幅に下げ、巨額の公共投資をした結果、財政赤字が急激に膨張して、アメリカの国債とドルが暴落。

・財政赤字補てんのために、「世界の警察」を放棄して、海外での派兵、駐屯を大幅に減少させる。同盟国に経済的負担の増額を要求。

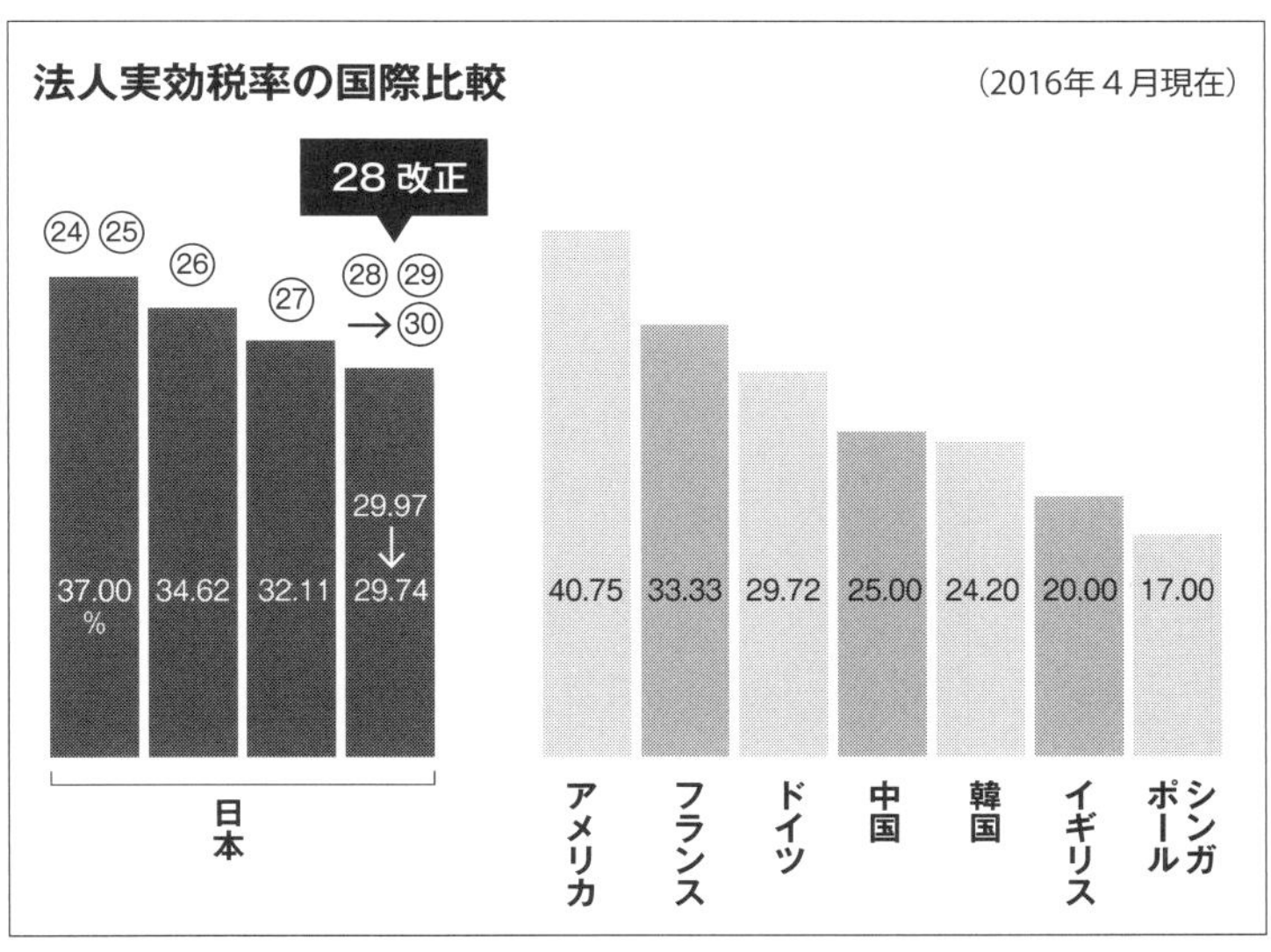

（注）法人所得に対する税率（国税・地方税）。地方税は、日本は標準税率、アメリカはカリフォルニア州、ドイツは全国平均、韓国はソウル市。なお、法人所得に対する税負担の一部が損金算入される場合は、その調整後の税率を表示。
（出典）OECD、各国政府資料等

{第3章}

予言
04

chapter 3
Verification 04

日本経済

The Japanese Economy

前記「米国経済」で記したように、私はトランプ政権の経済政策はおおむね好調に推移すると思っている。

その結果、日米の金利差はしばらく広がったままになるので、為替は1ドル＝120円程度の円安状態で落ち着くのではなかろうか。当然、自動車や電機など国内の輸出産業の収益は向上、国内景気の歯車が動き出す。日銀もマイナス金利から脱却できるかもしれない。

そうなったときに注目したいのが、アベノミクスだ。

アベノミクスはもともと「三本の矢」で日本経済を刺激する政策だった。「三本の矢」とは「大胆な金融緩和」、「積極的な公共事業」、そして「成長戦略」である。確かに「金融緩和」は株価の上昇という効果をもたらし、それによって潤った企業や人もいるだろう。しかし、「公共事業」は昔ながらの政策で、それにより日本経済が好転したという実感はない。さらに、「成長戦略」は……。正直、なにも見当たらない。

前述のようにアメリカ経済に引きずられるようにして、日本経済も安定した成長軌道に乗ったときこそ、政府は思い切った「成長戦略」を打ち出すべきだろう。ぼやぼやしてたら、アメリカから農産品の関税引き下げ要求など様々な圧力が押し寄せてくる。防戦一方になれば、政策はガタガタ、国民も意気消沈してしまうだろう。

トランプ政権の誕生は、日本にとっても確かにチャンスだが、その対応を間違えるとアメリカに振り回される一方になる。そのことを肝に銘じてもらいたい。

☆最良のシナリオ。
・アメリカの利上げにも関わらず、アメリカの好景気が継続。
・ドル円レート１２０円の円安状態が定着。
・輸出関連企業を中心として利益が急増し、株価も２万円を突破。

・物価上昇率がプラスに転じて、日銀もマイナス金利を脱却。
・アベノミクスの「第3の矢」として積極的な成長戦略の政策が発表、実施される。

★最悪のシナリオ。
・アメリカの財政赤字急増、国債暴落のあおりを受けて、ドル円レートが円高に進み90円台に突入。企業収益が悪化し、日経平均は1万円近辺まで暴落。
・アメリカから始まる貿易保護主義が全世界に波及して、為替戦争、輸入関税引き上げ、貿易量縮小、中国経済大打撃、船舶会社赤字拡大、原油・鉄鉱石など暴落。
・失業、社会不安、暴動、戦争、ＩＳＩＳなどによるテロ拡大。

{第３章}

予言

05

chapter 3
Verification 05

日本の政治家・官僚たち（トランプ大統領、彼の閣僚たちと対等に交渉するには）

Japanese Politicians & Bureaucrats

トランプ氏が「交渉の達人」であることは、先に私が翻訳した『交渉の達人トランプ』（ダイヤモンド社刊）に書かれているエピソードをひとつ紹介した。彼はタフな交渉どころか、必要とあれば訴訟もいとわない。再度、同書から引用しよう。

（１９７３年）司法省は、１９６８年に制定された住宅供給差別撤廃法に違反しているとしてトランプ・マネジメント社を告発したのである。マンションへの入居に際して、トランプ・マネジメント社は黒人への差別を行っている――というのが司法省の告発理由だった。ドナルド・トランプはただちにそれを否定した。

「まったく馬鹿げた話だ。われわれは今まで差別をしたことなど一度もないし、今後も決してないだろう。これまでにもさまざまな告発を受けたことがあるが、われわれは一度も負けたことがない。今回も、裁判の場でわれわれの正しさを証明してみせる」

かつてサミュエル・レフラック（著者注：トランプと同じニューヨークの不動産開発・管理企業のオーナー）も、レフラック・シティーにおいて人種差別をしたとして告発されたことがある。この時、父親のスポークスマンの役を引き受けた息子のリチャードは、その事実を否定したものの、政府が告発を取り下げることを条件に、自分たちの所有する部屋の一部を生活保護者に提供することに同意した。だがトランプ親子は、そのような取り引きを司法省との間に結ぶことを一切拒絶した。ドナルド・トランプはその時、こう述べている。「問題となっている1万6000部屋のうち、700部屋以上が現在黒人に貸し出されている。だが、生活保護者に対しては、彼らが一定以上の安定収入がない限り、一部屋たりとも貸し出すつもりはない」

ドナルドはこうも語っている。「要は、家賃を払えるかどうかであり、部屋が空いているかどうかだ。生活保護者に部屋を貸すということは、一般の借り手に対して不公平を強いることになるし、近隣の人々がごっそりいなくなるような事態も引き起こしかねない」。ドナルドは、断固とした態度でのぞむ決意だった。

(中略)

ドナルド・トランプが、友人であり弁護士であるロイ・コーンの助言に従い、トランプ・マネジメント社の社長として、連邦政府に対して1億ドルを請求する訴訟を起こした(中略)。人種差別をしているという司法省の告発は、「無責任で何の根拠もないもの」であるというのがその理由だった。

連邦政府の狙いは、生活保護者への部屋の提供を強制することにある――ドナルドはそう見ていたようだ。「われわれは黒人を差別したことなど一度もない。ニューヨークに所有する部屋の5から10パーセントは黒人に貸しだされている。だが、生活保護者に対しては一定以上の収入が保証されていない限り、契約書にサインをするつもりはない。そんなことをすれば、まわりの入居者はたちまちよそへ逃げ出してしまうだろう」。ドナルドの決意は固かった。(中略)

ドナルド・トランプはまだ27歳だったが、この頃すでにリングで戦う術を――フェイントのかけ方、ジャブの出し方、そしていつノックアウト・パンチを繰り出すかも――十分に心得ていた。

(中略)

ドナルドは、自分で法律を作りだすようなことはしない。だが、自分に不利な法律がある限り、目的をとげるために法律を相手取って争うことを知っている。

ところが、当時トランプはマンハッタンに1万戸の高級アパートメントを要するビル群の建設計画を持ち、その建設資金として連邦政府にやはり1億ドルの巨額の融資を求めていた。その融資がなければ、計画を実行に移すつもりはなかった。ところが、その融資を断られてしまう。

「これ以上争っても、時間と書類のむだです」と、1974年1月25日火曜日、エドワード・R・ニア連邦判事は、政府に1億ドルの融資を求めたトランプ・マネジメント社の提訴を却下した。のみならず、逆に、この(高級アパートメント建築)計画の賃貸規約が黒人を差別しているとして、規約の変更をもとめた。

(中略)

胸に抱いている将来の夢を実現させるために、ドナルドはついに連邦政府と妥協する道を選んだ。生活保護世帯への賃貸は依然として拒んだが、家族用アパートメントの入居状況を市民権擁護団体の「都市連盟」に毎週連絡し、黒人の入居率が10パーセントに満たない棟に関しては、「都市連盟」が推薦する黒人家庭を、5戸に1戸の割合で入居させることに同意した。ドナルドは、この合意は「完全に満足できる」ものだと述べた。理由は、この取り決めには「一般の入居者と同じ資格を有する場合を除き、生活保護家族をトランプ・マネジメント社に強制的に受け入れさせる条項が含まれていない」からであった。彼はさらに、政府と交渉する以前に人種差別をした覚えはないし、現在もない、と強調した。

連邦政府の狙いが生活保護者に住宅を提供することにあると読んだトランプは、ビジネス上、無条件で強制的に彼らの入居を強いられる事態だけは絶対に避けたかった。そのために政府側との交渉の末、最終的に一般の入居者と同じ＝一定の収入がある生活保護家庭以外、強制的に生活保護者の入居を命じられることはない、との取り決めを結んだのだった。そのうえ、連邦政府に訴えられた黒人差別の件も完全に否定することができた。ニューヨークでビジネスを続ける以上、黒人差別の烙印を押されることは絶対にできない。公に否定できたことも、トランプ氏にとっては大事な落とし所だった。

申請していた政府融資も受けられた彼は、のちに「自分は国家権力と対決して勝った！」と発言している。もちろん裁判で勝ったわけではないが、最終的に決着した所は、ほぼトランプ氏が最初から望んでいた地点だった。「勝ち」を宣して良い。

連邦政府を相手にしても一歩も引かず、実質的な勝利を収めてきた「交渉の達人」。そのトランプ氏を相手に、果たして日本の政治家・官僚たちはこの国の国益を守れるだろうか。

まず、検証しておきたいのは、トランプ氏が大統領に選ばれた翌週、世界の首脳に先駆けてトランプ氏の自宅で会談を行った日本の安倍首相だ。

私は、最初に安倍首相が持参したお土産のゴルフクラブ＝ドライバーに注目した。ゴルフをする人なら分かるはずだが、いくら高価なドライバーでもそれぞれのパワーやスウィングにマッチしたシャフトが装着されていなければ、とても使えない。そのドライバーをお土産にしたということは、日本側から事前に「ドライバーをプレゼントしたいが、トランプ氏のシャフトの硬さは?」と質問し、その答えをもらっていたはずだ。つまり、会談に先立って双方で何らかの接触、下交渉があったとみる。だったら、ということでトランプ氏から安倍首相にはゴルフシャツが用意された。もちろん、トランプ氏には事前にサイズを知らせていたはずだ。

そこで事前に接触があったとすれば、どんな了解事項があったのだろう。ひとつ言えるのは、トランプ氏は安倍首相に対し、「各国首脳の中の最初の対談」「自宅に招待」「対談の場に、ジャレッド・クシュナー、イヴァンカ夫妻とマイケル・フリン氏を同席させる」といった対応で、安倍首相にいわば恩義を売った。

会談後、安倍首相が「ともに信頼関係を築いていくことができる。そう確信の持てる対談だった」と取材陣に、トランプ氏に対する信頼の念を口にしたのはその返礼の一部であり、約束のコメントだったのかも知れない。

しかし、これまで何度も述べたように、トランプ氏は「信頼を構築できる」と簡単に評せるような人物ではない。もちろん、安倍首相の言葉も厚遇への返礼であって、本心ではなかろう。翌週、トランプ氏には「TPP離脱宣言」という安倍首相にとっては〝裏切り〟のような目に遇っている。

安倍首相の前には、今後もトランプ氏との冷徹な交渉の場が待っている。

その会談について、アメリカのメディアは同席したイヴァンカが自分のブランドのブレスレットを着用し、写真に映っていたことを厳しく批判している。政治をビジネスに利用したということである。これまで称賛される一方だったイヴァンカ。これほど非難されたのは初めての経験だろう。彼女はトランプ政権において、どのようなポジションに就くのか。とても注目される。

はっきり言ってトランプ氏との交渉において、これまでの日本の政治家・官僚では心細い。国際ビジネスの分野で世界と堂々と渡り合ってきたビジネスマンを大胆に起用してほしい。

例えば、ソフトバンクの孫正義会長だ。彼はアップルのスティーブ・ジョブズと直接交渉し、個人的にも友人となって、iPhoneを日本で最初に発売することに成功した。探せば他にも優秀なグローバルビジネスの人材が経営者、国際弁護士などにいるはずだ。政府間交渉に難題が持ち上がったとき、彼らを政府特使として起用するのも一考だ。

日本は、トランプ大統領の登場を機に、政治家と官僚のグローバル教育が急務になるかも知れない。通訳なしで、英語で交渉するのはもちろん、グローバルに通用するマナー、常識、教養も兼ね備えた、魅力的なパーソナリティを持つことが交渉にあたる人間の必須条件である。頑張って欲しい。

あわせて、日本全体の教育方針も現在の「受験勉強」から「グローバル教育」に重きを置くことを考えてもらいたい。今年の世界大学ランキングで東京大学が43位、京都大学が88位。これではいけない。

第4章

chapter 4

期待

Expectations

大統領としての人間力を問う

Lady Thatcher & Me

私が10年間お仕えした
サッチャーさんの人柄と政治哲学

私は政治家を評価する際に「絶対的」ともいえるひとつの基準がある。それは、1979年から90年までイギリス首相を務めたマーガレット・サッチャー（1925年生～2013年没）さんだ。サッチャーさんは、当時「英国病」と呼ばれた停滞する社会・経済構造に大ナタを振るい、同国を見事に復活させたリーダーである。

まず、そのサッチャー元首相の人物像を簡単に紹介したい。

私はサッチャー元首相の日本代理を1991年から10年間させていただいた。

1990年11月22日に世界的人気作家で私の友人であるジェフリー・アーチャー卿を私は日本に招待して、講演会を行った。夕食を一緒に食べている時、CNNでサッチャー首相が辞任するというニュースが流れた。私はすかさずジェフリーに言った。

「もしもサッチャーさんが辞任されるのだったら、ぜひ日本に招待したい。そして『鉄の女』の政治哲学の講演を日本各地で開催して欲しい」

するとと彼はにっこり笑って、こう言った。

「マーガレットだったら長年の友人だ。私は前に保守党の副幹事長をしていて、その頃から親しくお付き合いさせてもらっている。ロンドンに戻ったら、彼女に君の話をして、彼女の日本代理に推薦するよ。その代わり、日本での受け入れ態勢をしっかり頼んだよ」

果たして、その1か月後（わずか、1か月後！　このスピードが彼らの素晴らしいところ）、私は正式にサッチャーさんの日本での代理人になり、日本ではNTTがスポンサーについてくれたのだった。

しかし、私たち――サッチャー事務所と私の植山事務所との間には契約書もなく、口頭でお互いに「よろしくお願いしますよ」「はい、お任せください」といった口約束だけだった。彼女のような世界的VIPのマネージメントを任されたのだが、このように契約書を交わさないということは前代未聞だ。通常であれば、代理人としての仕事の内容、義務、責任、身辺警護、金銭の流れの詳細、違約金、不祥事の際の裁判など、諸々のことが書かれた契約書が弁護士事務所を通じて交わされる。事実、あるアメリカ元大統領の事務所から、私あてに日本でのマネージメント契約の打診があったが、そのとき送られてきた契約書の草案の分厚さを見て私はびっくり。即座にお断りしてしまった。

私はサッチャーさんと同様に、人間同士の信頼を最重要視している。契約書などというものは、いざこざが起きた時のために交わすもので、本来、必要ないものだと今でも固く信じている。

サッチャーさんとは、その後10年間もの長い間、彼女の日本代理を務めさせてもらった。毎年私は、彼女を約一週間日本に招待し、講演会、チャリティイベント、首相官邸や皇居への訪問などをアレンジした。その間、すべてがうまくいき、多額の寄付金を集め、それをサッチャー財団に寄付することができた。

2013年4月8日にサッチャーさんは亡くなり、17日にセントポール寺院で立派な葬儀が行われた。

日本からは森元総理が政府を代表して出席、民間からは私と家内の二人が招待された。１９９１年からの10年間、私はまるで彼女の息子のような立場で仕事をし、お付き合いをさせていただいた。その間に私が直接知りえた彼女の人柄や政治哲学などを書いてみたいと思う。

1991 年９月、サッチャーさんを初めて日本にご招待した。

●Simple Life-Style　質素な生活態度

彼女は八百屋さんの家に生まれた一般人で、そのライフスタイルは非常に質素だった。例えば、私が初めて彼女を日本に招待した１９９１年9月のことだ。あらかじめ彼女の秘書からメールで、彼女のお気に入りのウィスキーはFamous Grouseだということを聞いていたので、酒屋に買いに行った。すると、酒屋の主人は「２種類ありますよ。安いのは１５００円、12年物は３５００円です」と言った。元首相にお出しするのだから、当然高いほうを買い求めた。

彼女が初来日したその晩、宿泊先のホテルのロイヤルスイートで一緒に飲むことになった。

「Lady Thatcher, お好きなのはFamous Grouseでしたよね。買っておきました」

私は得意気にボトルを取り出した。

すると意外な言葉が戻ってきた。

「Oh, no, it is too expensive!　オーノー、これは高すぎるわ！　酒屋にもう一度行って、安いのと取り換えていらっしゃい。ついでに炭酸水も買って来て。安いウィスキーでも炭酸水で割れば、シュワーッとして、違いが分からなくなりますからね！」

彼女のこの発言に苦笑しながらも、私は酒屋に行って安いのと取り換えてきたのだった。

食べ物の趣味も質素だった。お気に入りは、ステーキ。それもウエルダン！味付けは塩コショウだけ。それにフライドポテトをちょっと添えて、シャルドネの白ワインをグラスで一杯。これが彼女にとっては最高のご馳走だった。

●Political philosophy　政治哲学

それでは彼女の政治哲学はどうだったのだろうか。

日本で講演をした時に常に語っていたことは、Democracy = 民主主義、Freedom = 自由、Rule of Law = 法の統治の三つ。これが政治家としての彼女の精神構造を何十年と支えていた基本的理念だった。

彼女は「The Iron Lady」（鉄の女）と呼ばれたが、自分が「女性」であるということを極力意識しないようにしていたようだ。

「私は女性首相だったのではない。まず最初に、私は首相だった。そして、たまたま女性だったということです」

彼女はこんなことも言っている。

"If you want something said, ask a man; If you want something done, ask a woman."

「もし何かを言って欲しかったら、男性に頼みなさい。もし何かを実行して欲しかったら、女性に頼みなさい」

まさに、「女尊男卑」の発言ではないか！ それほど彼女は、自分は女性であっても男性より優っていて、より良い仕事ができる、という高いプライドを持っていたのだ。

彼女の強硬な政策には、同じ保守党議員からもしばしば反対の声が挙がったが、そんな彼らを彼女は「Wets」（いくじなし）と呼び、「鉄の意志」をもって多くの政策を断行した。

辞任してからの10年間でも、ときどき彼女の「鉄の女」ぶりが垣間見えることがあった。私はその度になんとなく嬉しい気持ちになったものだ。

ある晩さん会が終わって、ロイヤルスイートに彼女をお送りすると、「シュー、いつものを一杯一緒にやりませんか？」と彼女からお誘いを受けた。

一緒にFamous Grouse のソーダ割りを飲みながら、親子のような会話を我々は楽しんだ。

「Lady Thatcher, あなたのお好きな言葉は何ですか？」

「Thank youかしら。こうして日本に来て、多くの人たちに親切にしてもらって、本当に嬉しいから、皆さんに感謝をしたい気持ちよ。イギリスの国旗を振りながら私を迎えてくれた幼稚園の先生と児童たち。立派な講演会と昼食会をアレンジしてくれた新聞社の方たち。そして、晩さん会に来て下さった議員の皆さん方に'Thank youと言って、握手したわ。もうひとつ、'Thank youと同じくらい好きな言葉はI am sorryよ。自分が間違ったり、失礼なことをしたときは、言い訳を一切せずに、潔くあやまることが大切よ。そうすればこじれたはずの人間関係も修復できて、またいい友達としてお付き合いできる」

彼女はそう言って、ゴクリとハイボールを飲んだ。

●サッチャー元首相に通じるトランプ氏の資質

こんなサッチャーさんとトランプ氏を比較すること自体、ちょっと乱暴で無理があるが、それを敢えてしてみたいと思う。

サッチャーさんは質素、トランプさんは豪華で、まったく両極端であるが、二人に共通している点を探してみよう。

{第4章}

期待

01

chapter 4
Verification 01

愛国心

Patriotism

1982年4月2日、南米アルゼンチン沖にあるイギリス領のフォークランド諸島にアルゼンチン軍が侵攻した。いわゆる「フォークランド戦争」だが、そのとき彼女は迷わず軍隊を派遣、3か月に及ぶ激しい交戦の末、6月14日にアルゼンチン軍を降伏させた。イギリス軍も200人以上の戦死者を出したが、このときに彼女が示した愛国心と正義を守ろうとする「鉄のような意志」は、イギリス国民のみならず、全世界に強烈な印象を与えた。

彼女はこう言った。

「イギリスはフォークランド諸島で戦わないだろうし、もし戦ったとしても、負けるに違いないと、ソ連は固く信じていたことを、（後日）ロシアの将軍から告げられた。その両方とも間違っていたことをイギリスは証明し、その事実をソ連は忘れなかった」

サッチャーさんが一歩も引かなかったことが、国家の威信を守ったのだ。

ドナルド・トランプ氏も愛国心旺盛だ。

“We will make America strong again. We will make America proud again. We will make America safe again. And we will make America great again.”

「我々はアメリカを再び偉大にするだろう。誇りを取り戻そう。アメリカをまた安全にしよう。そして、アメリカを再びグレートにしよう！」

そしてこうも言っている。

「私はメキシコや中国を軌道に乗せるために戦っているのではない。共和党や民主党のために戦っているわけでもない。私はアメリカ人のために戦っている。すべてのアメリカ人よ！」

こうした彼の発言と姿勢に多くのアメリカ人が共感し、大統領に選んだのだ。

日本への要求は必ず来ることを、我々は覚悟し、準備しておかなければならない。

{第4章}

期待 02

chapter 4
Verification 02

日々努力の人

Hard-working

サッチャーさんは夜中の3時頃まで、ベッドの中で翌日の講演原稿に目を通し、訂正し、リハーサルをしたことを私は知っている。平均睡眠時間は3時間ほどだった。それでも翌朝、お部屋にうかがうと、いつもシャキッとしておられて隙がなかった。ときには移動の車の中でうたた寝をされることはあったが、「I am good at cat napping. 私はうたた寝の名人なの。10分間でも寝ると、心身ともに回復するのよ。首相時代からの癖なの」と言って笑った。

また彼女はこうも言った。

"Happiness is not in doing nothing. Happiness is to be overloaded the whole day, become exhausted by the evening and realize you did something worthy!"

「何もしないでいることが幸福ではない。幸福とは、終日やるべきことがたくさんあって、夕方には疲労困憊しながらも、価値のあることを成し遂げたと感じられること」

トランプ氏も同じく努力の人である。

父親から譲られた不動産会社を、彼独特の「The Art of The Deal」(交渉の美学)で拡大した。何度かつまずき、倒産したことも何度かあった。しかし、高層ビル、高級マンション、カジノ、ゴルフ場など次々と新規事業にチャレンジして、現在の資産37億ドル(約4200億円)を築き上げた。

彼はこう言っている。

"Any 'good times' is always the result of our hard work. What you do today is the key to tomorrow's results."

「『いい時』とは、常に一生懸命に働いた結果だ。今日あなたがやることは、明日の結果のカギだ」

"Life is difficult no matter what, but hard work and perseverance make it a lot easier."

「人生とは何かにつけ難しいものだ。しかし一生懸命に働き、辛抱すると、人生は大変楽になる」

そして、努力と愛国心を結びつけた彼の哲学をこう語っている。

"The American Dream is freedom, prosperity, peace-and liberty and justice for all. That's a big dream. It's not always easy to achieve, but that's the ideal. More than any country in history we've made gains toward a democracy that is enviable throughout the world. Dreams require perseverance if they are to be realized, and fortunately we're a hard-working country and people. We are the luckiest people in history, just by the fact that we are Americans."

「アメリカの夢は、自由、繁栄、平和、正義だ。大きな夢だ。達成するのは易しくない。でもそれが理想だ。歴史上どの国よりも、アメリカは民主主義を勝ち得て、世界の羨望の的だ。夢を実現するためには忍耐が必要だ。幸運なことに、我々は努力する国であり、国民だ。我々はアメリカ人であるということだけで、歴史上もっとも幸運な国民なのだ」

彼は向上心旺盛で、努力を惜しまない。大統領に選ばれた今、きっとこんなことを考えているに違いない。

「大統領に選ばれたからには、歴史に残るような偉大な大統領になろう! まず、1月20日の就任演説はこれまでのどの大統領の演説もしのぐ、名演説にする。そのためには、これまで評価の高かった演説をすべて読み、研究して、それ以上のものを作ろう!」

彼はスピーチライターに、ジョン・F・ケネディ大統領、エイブラハム・リンカーン大統領、マーティン・ルーサー・キング牧師などの名演説を勉強させ、それ以上の原稿を作ることを指示するだろう。そして、その完成した原稿を、頭のいい彼はすべて暗記して、プロンプター(原稿を映し出す装置)を見ることなく、民衆に向かって高らかに謳うことだろう。私はそれを期待している。

{第4章}

期待

03

chapter 4
Verification 03

トランプ氏に期待すること

What I expect from Donald Trump

トランプ氏が示唆する政策でひとつ心配なのは「パリ協定」からの離脱だ。

彼は、地球温暖化対策のための新しい枠組みである同協定からの離脱を公言している。だが、中国、米国、インドは加盟国全体の約4割の温室効果ガス排出量(約42%)をかかえる。アメリカは世界最大の経済大国で、世界第2位の温室効果ガス排出国だ。そこが離脱してしまっては、世界111か国が合意した協定も骨抜きになってしまう。

一度は合意したアメリカの国際的信頼を維持するとともに、全人類の未来を保障する、この重要な「パリ協定」をぜひ批准してもらいたいと思う。

もうひとつの懸念は、彼が世界各国に持っている高級マンション、ホテル、ゴルフコースなどがテロの標的になる可能性だ。テロリストたちがこれらの施設を実際に攻撃することは困難かもしれない。しかし、彼らはテロ予告をインターネットで流すだけで、十分なダメージをトランプ帝国に与えることができる。「我々は世界中にあるトランプ大統領のホテル、コンドミニアム、ゴルフコースのどこかに爆弾を仕掛けた」と通告されたら、軍や警察関係は確認しなければならない。その影響で利用客の足は止まり、トランプ帝国の売り上げと利益は激減するだろう。テロ予告を流すだけで、大きなダメージを彼のビジネスに与えることができるのだ。

トランプ氏の家族が住んでいるニューヨークのトランプタワーも標的になる可能性がある。「我々はトランプタワーを来週爆破する！」というようなテロ予告が流れると、トランプタワー周辺が厳重警戒地域になり、警察官動員、交通制限、観光客激減、ビジネスへの支障などが起こるだろう。警戒の規模が大きければ、ニューヨーク全体が混乱してしまう。場合によれば、ウォール街のニューヨーク証券取引所が閉鎖。そうなれば、アメリカどころか世界中の金融がマヒし、世界経済が大混乱に巻き込まれてしまう。

テロ集団は大規模テロを行うことなく、情報操作だけで世界中を厳戒態勢と混乱に陥らせることができるのだ。

そこで、先日ＣＮＮが冗談半分に、素敵なアイデアを提案していた。

トランプ氏には、大統領就任と同時にトランプ帝国のすべての企業を売却し、それで得た莫大な資金を基金にチャリティ団体を立ち上げ、彼の子供たちは全員そこの理事に任命するというものだ。

そうすれば、「大統領」と「トランプ帝国の経営者」の〝二足のわらじ〟を履くことで生ずるであろう公私混同、「公職の責務と自らのビジネス利益の利益相反」の批判を避けることができる。

そのうえ、トランプグループの諸施設がテロの標的になる恐れも軽減される。

このアイデアはトランプ氏が最もやりそうもない夢だが、もしもやったとしたら世界中から喝采を受けることは間違いない。

トランプ氏には自分の考えに近い者だけで周りを固めず、グローバルに活動するビジネスマン、大学教授、優秀な官僚、さらには旧政敵まで含めた、豊富な経験と知識を持つスタッフをそばに置いてほしい。そのうえで、彼自身は、名演奏家を多く擁したベルリンフィルを指揮するヘルベルト・フォン・カラヤンのような名指揮者になってもらいたい。

そして、「吠える暴言王」は選挙に勝つためのパフォーマンスだったと永久に封印。核のボタンを押せるほどの大きな権限を持ったのだから、今後は世界最強の国の大統領らしい振る舞い、言動を心がけてほしい。

また、彼には4年後の大統領再選を第一の目的とするのではなく、アメリカと全世界の人たちの幸福と繁栄のために努力する政策を期待したい。それができる才能とエネルギーを持った人だと信じている。誰もが感心するようないい仕事をやった結果、4年後に再選されるのが、歴史に名を残すための「王道」だ。

{第4章}

期待

04

chapter 4
Verification 04

トランプ政権とうまくやっていくために

How to get along with the Trump Administration

トランプ政権になってからの日米関係をうまくやるには、とりわけ愛国心旺盛なトランプ氏とうまくやっていくには、あらゆる分野での日米の交流を飛躍的に伸ばすことが重要であり、近道であると信じる。

日米関係を良くすることは、日本だけではなく、アメリカにとっても非常にメリットがあることをトランプ氏に理解させることがとても大切になるだろう。

そのためには、各分野のリーダーたちがいったい何をしたらいいだろうか。以下が私の提案だ。

(政界)

トランプ氏には政治の経験がない。外交は、それ以上にない。まずは国内の景気刺激策、違法移民対策などから手を付けるだろう。外交はその後で、優先順位はロシア、中国、イギリス、EUか。いずれにせよ、日本はその後になる。

11月17日、ニューヨークのトランプタワー最上階のトランプ氏自宅で、日本の安倍首相はトランプ氏と約90分間、会談した。

「信頼できる指導者と確信した」と安倍首相はトランプ氏を持ち上げたが、これは外国首脳の中で一番目に会ってもらった恩義を返したにすぎない。これで日米関係が平穏無事に行くと思うのは、早計である。

これから真剣な交渉が始まる。

日本の政治家・官僚にはこれまで以上の緊張感をもって、トランプ大統領と彼の閣僚との交渉に臨んで欲しい。

・日米同盟が世界の安全保障のために非常に重要であることを説得し、現状の枠組みを維持する。

・中国は外交、経済政策で大変に老獪。習近平氏はすぐにもトランプ氏に近づこうとするだろう。中国より日本と仲良くする方がアメリカの国益にかなうことを、説得して、日本を通り越して中国と手を握るJapan Passing(ジャパン・パッシング)は避けなければならない。

・関税、農産物などはギブアンドテイクの精神で、両国にメリットのある妥協案を模索して、合意させる。

・トランプ政権の閣僚とは、公式の場面のみならず、プライベートでも友人として交流できるような関係を築く。強力な人脈をトランプ陣営内に築くこと。

・グローバルなレベルの教養、哲学、マナー、ユーモアのセンス、パーソナリティ、英語力などの資質を持った魅力ある政治家の養成が急務。

(経済界)

日本からアメリカへの輸出額は2015年度で15兆円。全体74兆円の約20%である。これに対するアメリカから日本への輸出額は約8兆円。全体75兆円の約11%である。この数字から言っても、トランプ政権が、日本にもっとアメリカ製品を買えという要求を突き付けてくることは覚悟していい。それに対して、日本の産業界が言うべきこともいくつかある。

・日本が1兆円もの米国国債を購入して、米国政府に協力していることを指摘する。2015年6月現在、米国債国別保有残高は中国が1兆2710億ドルで一位。日本は1兆1970ドルで、2位に転落したが中国とは僅差である。

・多くの日本企業がアメリカに工場を作り、現地生産をしている。アメリカで部品や材料を調達して、100万人ものアメリカ人を雇って生産している。これはイギリスに次いで2位だ。アメリカの経済と雇用に対するこうした貢献の大きさを説明したうえで、さらに多くの生産設備をアメリカに作る。NAFTA（北米自由貿易協定）の将来が分からないので、日本は人件費が安いからと言ってメキシコに工場を作ってアメリカに輸出しようと考えるのは、早計である。

・日米企業間の合弁会社や資本提携・業務提携を増やす。

・日本でアメリカ製品フェアを、アメリカで日本製品フェアを定期的に開催する。

（教育）

日本に来ている外国人留学生は、２０１５年5月現在20万８０００人。アメリカからの留学生は２４２３人で全体のたった１・２％にすぎない。

また、アメリカで学ぶ外国人留学生の数は、２０１４～２０１５年で97万５０００人。日本からの留学生は１万９０００人で、全体の２・０％にすぎず第8位。１位の中国は12万人、２位の韓国は４万人弱。さらに、サウジアラビア、カナダ、インドと続いている。

最近のアメリカの企業では、インド人がＣＥＯになるケースが急増している。グーグル、アドビ・システムズ、バークシャー・ハサウエイ、ペプシ、マイクロソフトなどの超一流企業がそうだ。日本ももっとアメリカへの留学生を増やし、グローバルに活躍できる人材を育成する必要がある。
・政府が多額の助成金を拠出し、日米両国の大学の留学生をより多く交換する。東京大学とハーバード大学、一橋大学とスタンフォード大学、京都大学とペンシルベニア大学といった交換留学制度を設立し、活発化させる。これが日本の大学のグローバル化とレベルアップに役立つ。
・高校生レベルの交換留学制度を充実させる。そして、若いうちに外国語を身につけさせる。

・多くのアメリカ人教師を日本に招聘し、日本の中学、高校、大学で英語教育をする。

（文化）

・ニューヨーク・フィルハーモニックとＮＨＫ交響楽団の交換演奏会を定期的に開催する。

・テイラー・スウィフトのコンサートを日本で、嵐のコンサートをアメリカで開催する。

・メトロポリタン美術館、ニューヨーク近代美術館などの展示品を日本に持って来て、展覧会を開催する。また、京都市美術館などの展示物をアメリカで公開する。

・日本人による英語でのスピーチコンテストをアメリカで行い、アメリカ人による日本語でのスピーチコンテストを日本で行う。

・曲目は日本とアメリカに限って、日米カラオケ大会を開催する。

（スポーツ）

・日米共同のスポーツイベントを増やす。（野球、ゴルフ、テニス、水泳、アメリカンフットボール、バスケットボールなど）

（観光）

・お互いの国を訪れる観光客を大幅に増やす。

・ホームステイ型滞在を増やす。民間外交に役立つ。

・寿司職人日米コンテストを三崎で開催する。

・ハンバーガー調理日米コンテストをテキサス州の牧場で行う。

・「ポケモンGO」日米対抗戦を東京とニューヨークで開催する。

Epilogue

あとがき

トランプ氏が大統領選挙に勝利して以来、すべてのテレビ局から出演依頼や取材が殺到した。大手新聞や週刊誌なども取材に来られた。そして、10日間で16回もテレビ出演した。これは、私がトランプ氏とテレビインタビューを1時間もやったおそらく唯一の日本人であり、彼に関する著書を2冊も翻訳したからということで、トランプ氏の印象やトランプタワーの様子などを聞きたいということだった。

１９８８年6月13日にトランプタワーの26階の社長室で彼に会ったときのツーショット写真をテレビの生番組のスタジオで見せると、「オー！」という歓声が上がった。

「彼はイケメンで、まるでハリソン・フォードか、トム・クルーズのような感じ。カッコいいオーラを感じましたよ！」と私が言うと、好意に満ちた反応が司会者、コメンテーター、観客の間に広がるのが感じられた。

「穏やかな口調で話し、気配りができる人でした。交渉の達人と言われるのも、なるほどと思いましたね」と言うと、司会者が言った。

「キャンペーン中の吠えるイメージとは相当に違いますね」

その通り！　彼はパーソナル・ブランディング（個人イメージ戦略）を構築して、それを演じる才能を持った頭の良いビジネスマンなのだ。彼はこの「パーソナル・ブランディング」と「交渉」の才能を持った、ユニークな「ビジネスマン大統領」になる。

なにしろ、1ドルの現金も出さずに、何百億円、何千億円の不動産を手に入れるという交渉を何度もやって、巨万の富を築いてきた海千山千の勇者だ。

交渉相手のことを徹底的に調べ上げ、強み、弱み、財務状況、今最も必要としていることなどを把握したうえで、相手が断れないような好条件を提案する。相手がそれに幻惑され契約書に調印してしまうが、実はトランプ氏はもっと有利な立場を確保している。

「経営権の半分をあげるから、今あなたが所有している土地の所有権を私に譲ってくれませんか？　将来は売上げ、利益とも膨大なものになると予想しています。その半分があなたのものになるのです。この土地を遊ばせておいても、1ドルの利益も生み出しませんよ。だから私に譲ったほうが御社の得になります」

言葉巧みに交渉して、その土地を自分のものにしてしまう。将来の経営権というほとんど架空のものに、相手はいい夢を見てしまうのだ。それが、5年後になるか10年後になるか。契約後の展開で違ってくることなど考えずに、利益の半分だけが目の前にちらついてしまう。契約書にサインした相手の役員は、何年その会社にいるか分からない。役員でも転職が頻繁なアメリカでは、将来のことなど推測もつかない。

一方、オーナー社長であるトランプ氏は、長期的観点に立って、大きなディール（取引）を次々とまとめてきた。

その際の彼の基本的姿勢は、①自分は現金を払わない。②土地や建物に掛かる様々な税金の免税措置を最大限に活用する。③不動産を所有し、ホテルや高級マンションなどを建てる業者には、Ｔｒｕｍｐのブランドの使用を許可し、そのロイヤリティを徴収する。

まさに天才的とも言える交渉術で、数百億円、数千億円の大きなディールをまとめ、現在の地位と財力を築き上げた。

彼は過去50年近く不動産ビジネスで習得し、磨き上げた「交渉の達人」としてのノウハウを、今後は大統領としてすべて諸外国との交渉において駆使してくることだろう。日本にも強硬な姿勢で、多くの要求を突きつけて来る。そのことを覚悟する必要があるだろう。彼を紹介くれたトム・クラークはこう言っている。「私が知るドナルドは、言ったことは必ず実現しようと全力で努力する人間だ」日本の安全保障や貿易不均衡について、強烈な要求を出してくる前に、彼は日本に関して徹底的に情報収集、分析を行なって、準備をするはずだ。例えば安全保障では、次のようなことを彼は調べてくるだろう。

1 米軍が日本に駐屯するためにかかっている費用と両国の負担金額。
2 米軍の駐屯が果たしている役割の比率。（日本の安全保障とアメリカの世界戦略）
3 沖縄の米軍基地問題。
4 オスプレイ配備の問題点。
5 日本の自衛隊の防衛能力。
6 日本がアメリカから購入している兵器・武器の総額。

7　北朝鮮の脅威。
8　中国の脅威。
9　韓国のパク・クネ（朴槿恵）大統領の後継者は誰？　日韓関係はどうなる？
10　日本が抱える領土問題。（北方四島、竹島、尖閣諸島）
11　米軍が日本から全面的に引き上げることのプラスとマイナス。
12　日本が自国防衛するとしたら、そのコストは？
13　日本の核兵器製造能力。
14　核装備するかどうかの日本国内の世論。
15　現在日米で合意している「思いやり予算」１９２０億円の増額はいくらまで可能か？
16　安倍首相の安全保障や日米関係に関する基本的考え方は？
17　稲田防衛大臣の思想、手腕、自衛隊の統率力は？
18　安倍首相と稲田防衛大臣との信頼関係は？

これらのことを詳細に調べ上げ、その分析結果をしっかり考え合わせて、日本への要求事項、要求金額などを決定するだろう。そして、ビジネスマン流のブラフをかけて高飛車な条件をまずぶつけてくる。

12月6日ニューヨークのトランプタワーでソフトバンクの孫正義会長がトランプ氏に会い、アメリカで500億ドル（5兆円）の投資を行なって、5万人の新規雇用を創出することを約束した。見事な民間外交だと、最高の拍手を送りたい。孫正義氏のようなグローバルビジネスに長けた人を政府特使として起用して、トランプ政権との交渉をしてもらうことを日本政府は真剣に考えるべきだと思う。ビジネスマン大統領トランプ氏には、グローバル・ビジネスマン孫正義氏をぶつけるのだ。日本が持てる最優秀なグローバル人材が交渉にあたることが、交渉を成功させ日本の国益を守るための最高の選択肢なのだ。

このことを私は孫氏がトランプ氏に会う前にすでに原稿に書いていたのだが、孫氏に先を越されてしまった（苦笑）。これを機に、日本の政治家、ビジネスパーソン、文化人、一般人すべてが、グローバルな人間になる勉強と努力をすべきだと強く思う。

２０１６年12月。東京、恵比寿にて。

植山周一郎

植山周一郎

静岡県生まれ。一橋大学商学部卒業、スタンフォード大学院 S.E.P. 修了。英国ソニー販売部長、ソニー本社宣伝部次長等を歴任しウォークマンの世界的ブランディングに貢献。1981 年、株式会社植山事務所を設立。国際経営コンサルティング、翻訳、講演、テレビ番組の企画・司会などを行う。ヴァージン・グループ顧問、サッチャー元英国首相の元日本代理人。2013 年から一橋大学非常勤講師としてグローバルビジネス論の講義を英語で行っている。日本人として最初にテレビ番組の企画でドナルド・トランプ氏のロングインタビューを敢行。『D. トランプ　破廉恥な履歴書』（飛鳥新社）、『経営者失格―トランプ帝国はなぜ崩壊したのか』（飛鳥新社）、『交渉の達人 トランプ―若きアメリカ不動産王の構想と決断』（ダイヤモンド社）の翻訳も手掛けている。これまで 46 冊の著訳書がある。

STAFF

協力	小関洋一
撮影	井上和博（帯、P.10、P.17）
	松永光希（P.69、P.75、P.81）
写真協力	Abaca ／アフロ
カバーデザイン	山口喜秀（G.B. Design House）
本文デザイン	別府拓（G.B. Design House）
DTP	徳本育民（G.B. Design House）

予言
ドナルド・トランプ大統領で日米関係はこうなる

発行　2016 年 12 月 29 日　初版　第一刷発行

著者　植山周一郎
発行人　岩倉達哉
発行所　株式会社 SDP
〒 150-0021　東京都渋谷区恵比寿西 2-3-3
TEL　03-3464-5972（第三編集部）
TEL　03-5459-8610（営業部）
http://www.stardustpictures.co.jp

印刷製本　大日本印刷株式会社

ISBN978-4-906953-43-1